新视角下的中小学音乐

教育与教学研究

于 力 著

吉林人民出版社

图书在版编目(CIP)数据

新视角下的中小学音乐教育与教学研究 / 于力著
. -- 长春：吉林人民出版社，2021.7
ISBN 978-7-206-18299-0

Ⅰ.①新… Ⅱ.①于… Ⅲ.①音乐课 – 教学研究 – 中
小学 Ⅳ.① G633.951.2

中国版本图书馆 CIP 数据核字 (2021) 第 144524 号

新视角下的中小学音乐教育与教学研究

XIN SHIJIAO XIA DE ZHONG XIAOXUE YINYUE JIAOYU YU JIAOXUE YANJIU

著　　者：于　力
责任编辑：王　丹　　　　　　　　封面设计：袁丽静
吉林人民出版社出版 发行（长春市人民大街 7548 号）　邮政编码：130022
印　　刷：三河市华晨印务有限公司
开　　本：710mm × 1000mm　　　1/16
印　　张：10.5　　　　　　　　　字　　数：200 千字
标准书号：ISBN 978-7-206-18299-0
版　　次：2021 年 7 月第 1 版　　　印　　次：2021 年 7 月第 1 次印刷
定　　价：56.00 元

前　言

随着社会的飞速发展，我国音乐教育教学领域进行了深刻变革。先贤荀子言："声乐之入人也深，其化人也速。"音乐是一种心灵层次的交流，通过节奏、旋律等音乐语言的运用来表现美、传递美。音乐是一种以声音为媒介，整合文化修养、心理素质、歌唱技术等多方面的教学方式，有利于学生综合素养的提高。音乐也是一门较精深的艺术学科，有着独特的文化内涵。音乐不仅仅是人文学科的一个重要部分，还是实施美育教育的重要方式。中小学时期是孩子成长的关键时期，音乐教育由于其灵活性强、生动形象、富于激情等特点，对这一时期的学生的思想道德水平、身心健康发展起着不可替代的作用。

全书共分为六章。第一章主讲音乐教育；第二章主讲中小学音乐教育与教学，并就相关知识点进行了解析；第三章主讲中小学音乐教学内容及课型，对中小学唱歌教学、欣赏教学、器乐教学和音乐创作教学分别进行了阐释并列举了相关课例；第四章主讲中小学音乐教学方法的应用，分别介绍了柯达伊音乐教学法、奥尔夫音乐教学法、达尔克罗兹音乐教学法、铃木音乐教学法及其实践应用；第五章主讲新视角下音乐思维与创造力的训练与培养，就音乐听觉、音乐情感、音乐形象力和音乐记忆力、创造性音乐活动等方面的训练与培养进行了详细阐述；第六章主讲新视角下中小学音乐的发展，对新视野下传统课堂向现代课堂的过渡、新型课堂模式的探索、民族音乐的传承等方面进行了论述。

本书围绕中小学音乐教育与教学展开，语言通俗易懂、思路清晰，理论阐述通俗易懂，突出人文因素、科学、系统、实用。笔者在写作过程中参考了许多专家学者的文献，在此表示衷心的感谢！同时希望本书能够对中小学音乐教育教学能起到积极的推动作用。由于笔者水平有限，书中难免存在不足之处，恳请专家、教师、学生与广大音乐爱好者提出宝贵意见。

目　录

第一章　音乐教育漫谈

第一节　音乐教育概述

音乐是人类情感的艺术表现，它的发展变化体现了人类意识的变更。音乐艺术是最能激发人的想象力的，这种想象力是一切创造力的源泉，对创造性人才的培养起着非常重要的作用。

一、音乐教育的含义

一般来说，音乐教育包含教育与音乐两个范畴，二者缺一不可。从教育层面来说，音乐教育是文化教育、艺术教育、素质教育等不可或缺的重要组成部分；从音乐层面来说，音乐教育在社会音乐文化继承与发展方面更是起着非常重要的作用。因此，在对音乐教育的描述中可以分为两个部分：教育层面的音乐教育称为普通音乐教育；音乐层面的音乐教育称为专业音乐教育（也称为职业音乐教育）。

音乐教育在我国传统的概念中被分为学校音乐教育、师范音乐教育（音乐教师教育）、专业音乐教育和社会音乐教育四种类型。

第一种类型的学校音乐教育指的是以培养幼儿园、中小学校、普通大中专院校学生的一般音乐素质，更替继承音乐文化为目的的普通学校音乐教育，属于普通音乐教育范畴。

第二种类型的师范音乐教育可以说是音乐教师教育，它是指师范类高校、音乐艺术院校和高等院校中的音乐教育专业等以培养普通学校音乐教师为目标的音乐教育。这一类的音乐教育从专业角度来看，隶属于专业音乐教育，但从教育的角度来看，师范音乐教育的终极目标是服务普通音乐教育。

第三种类型的专业音乐教育又可以叫作职业音乐教育，一般指音乐艺术院校，以音乐教育为目标，训练培养唱歌、演奏、音乐创作、音乐研究、音乐教育教师等专业音乐人才。

第四种类型的社会音乐教育则包含了社会音乐教育机构举办的各类音乐教育活动。如少年宫、群众艺术馆、业余音乐艺术团体、民间传统音乐社团、老年大学等机构举办的音乐活动。它不仅包括家庭音乐教育和个人音乐教育（如社交音乐教学等活动），还包括多种形式和渠道的音乐教育，如电视音乐教育、广播音乐教育、网络音乐教育、社区音乐教育等。社会音乐教育从教育的属性来说它隶属于普通音乐教育，随着科技的发展和人们生活水平的日益提高，它的覆盖面也越来越大，越来越多的社会成员通过各种渠道成为音乐教育的受教育者，社会音乐教育的社会功能也越来越被凸显出来。

从广义层面上而言，音乐教育指的是基于教育视域下的一些音乐活动，其囊括了全部的具有教育价值的范畴；从狭义层面上来讲，音乐教育指的是那些以教育为名义的音乐活动，其范畴涉及前文说的一些机构，诸如"社会音乐教育""专业音乐教育""音乐教师教育"以及"学校音乐教育"。从社会发展的角度来看，不管是广义的音乐教育还是狭义的音乐教育都应该得到重视。

还应该指出的是，从多元文化的角度来说，不同的民族文化对音乐教育的理解也是不相同的，因为音乐教育在不同的民族历史进程中是不断变化和发展的，在这些不同历史时段中各个民族文化的音乐教育也都是各自有各自的特色，特定的民族文化和历史背景造就了不同的音乐教育。

二、我国音乐教育的起源与发展

（一）音乐教育的起源

音乐教育作为一种艺术形态有广义和狭义之分。广义的音乐教育从人类音乐诞生之日就已经存在。从"昔葛天氏之乐，三人操牛尾，投足以歌八阕"的历史传说中，我们可以想象到，葛天氏之民手操牛尾，踏着脚步，合着节拍，载歌载舞的场景。当儿童或者成人在观看这类歌舞表演时，自然而然地接受了音乐教育以及文化知识教育。《尚书·舜典》上说："夔！命汝典乐，教胄子。"夔是尧舜时期著名的音乐家和乐师，他的任务是利用雍正、平和的乐舞教育王公贵族的子弟，使他们具有高尚的道德情操和高贵美好的心灵，以使"天下大服，神人咸和"。从上述历史记载可以看出，早在原始社会就已经有音乐教育的现象，虽然当时的音乐教育的对象只是王公贵族的子弟，但这显然已经是我国早期的音乐教育形式了。

狭义的音乐教育一般指学校教育。原始社会后期，学校教育的萌芽已经产生。《周礼》《礼记》中都提到过我国已知资料中最早的学校——"成均"之学。著名教育史学家毛礼锐先生认为"成均的乐教传统，流传后世，成为古代教育的借鉴，以致西周大司乐所掌仍为成均之法，以乐教贵胄子弟"。①"成均"之学对中国古代教育的发展产生了重要的影响，开辟了我国古代学校音乐教育的先河。

（二）古代音乐教育

学校教育到夏、商、周三代逐步定型发展的历史时期。夏朝的建立标志着我国奴隶制社会的正式开始。从相关史料可以得知，继"成均"之学后，还有名为"校""序""瞽宗""庠"之类的教育场所出现，《孟子·滕文公上》中说："庠者，养也。"《说文》解释："庠"从广羊声。即"庠"字由"广"与"羊"两字组成，"广"即居住的地方，"羊"为食物之意，原义是指为敬养氏族长老专门设立的一种"养老院"机构。由于享受这种待遇的人多为经验丰富、学识广博的老人，后来就逐渐演变为专门教育青年一代的场所。主要教授狩猎、军训、忠孝、乐教等方面的内容。从教育内容可以看出，"庠"的乐教内容是对"成均"之乐教的沿袭，乐教已经具有初步独立形态的教育类型。乐教并不是音乐教育的专称，还应该包含诗歌、舞蹈等方面的教育内容，甚至绘画（写字）、天文、纺织等内容也归并到了"乐"的范畴之中。在这一点上，中西教育发展的规律是一脉相承的。古代希腊曾把音乐和体育相提并论，认为体育培养人的身体，音乐培养人的心灵，因此，把文学、艺术、天文学、数学等与培养人的心灵相关的学问，都归到音乐的范围之内。

公元前 17 世纪左右，商汤灭夏，成为我国历史上第二个奴隶制国家。在长达 600 余年的商统治时代，在各个方面都得到了长足的发展。在教育方面一些地方专门设立了传授礼乐的场所，教育内容上也与夏朝有很大不同，这标志着我国奴隶制教育思想和教育观念上的重大转变。"学"字自

---

① 毛礼锐，沈灌群．中国教育通史（第 1 卷）[M]．济南：山东教育出版社，2005：47．

商代开始出现。《明堂位》记载，商学，分为"右学"和"左学"两类，前者为大学，后者为小学，这说明教育类型已经出现向"多元化"发展的趋势。文字的出现、语言能力的提高，为具有真正"学校"含义的"学"和"瞽宗"的定型发展提供了必要的基础，起到了一定的催化作用。商代甲骨卜辞中已出现了"学"字的多种写法，从最简单的"学"字演变到复杂的"学"字，从这个过程中我们可以总结出"学"字所包含的三个方面的意思，即教学场所、教学内容和教学活动，这是构成"学校"的三大支柱。文字的演变与进化记录了我国文明进程的历史印迹，也反映出我国学校结构不断完善的基本历史脉络。

《江陵项氏松滋县学记》中有这样的记载，"段人，以乐造士，故其学为瞽宗"。"以乐造士"是商代学校教育的重要手段和内容。"殷人尊神"是商代的主要教育思想，而"尊神"则又必须通过唱歌、跳舞、鼓乐等各种仪式来实现。乐教受到统治者的重视是自然而然的事情。商代统治者利用乐教作为加强其神权统治的工具的同时，也加快了乐教自身发展的进程，促使乐教向更深领域中逐步渗透。

西周时期，是我国奴隶制社会的全盛时期。这一时期教育类型的分化发展越来越明显，开始出现较为严密的学位体系。在音乐的利用上周代统治者比前代更加先进。他们除了利用音乐加强自己的统治外，还利用音乐来进一步宣传阶级社会中等级制度的合法性；他们设立了专门的音乐机构来控制音乐活动；他们在"国学"中教音乐，培养青年，使他们能根据统治阶级的意图，利用音乐巩固周王朝的统治权。这说明周代统治者充分认识到了音乐的教化职能，试图通过乐教的手段来达到"治国安民"的政治目的，这里也有着积极的一面。周代统治者视乐教为"国教"，把乐教的位置提高到前所未有的地步。周代音乐教育兴旺发达的原因，除统治者十分重视以外，与当时的社会安定、经济繁荣、文化科技进步、社会意识形态及审美观念变革等方面也不无关系，它们有着相吻合、相适应、同步协调发展的必要条件，有着生存滋长的社会土壤和基础，从而使西周音乐教育成为我国古代音乐教育史上辉煌的一页。

（三）近现代音乐教育

按照中国近现代音乐史的划分，中国近现代音乐教育划分为两个时期：1840年至1919年为近代，即中国旧民主主义革命时期；1919年至

1949 年为现代，即中国新民主主义革命时期。

1.旧民主主义时期

1840 年之前，中国社会一直处于闭关锁国的阶段，对国外世界知之甚少。"鸦片战争"彻底打破了这种格局。在外来经济和文化的进一步影响下，我国国内的政治制度受到了前所未有的冲击，当时的许多仁人志士清醒地认识到中国的落后。在这个时期，先后产生了以李鸿章为代表的"洋务运动"和以康有为、梁启超为代表的"维新运动"。这两个运动虽然最后都以失败而告终，但对当时中国社会的各行各业都产生了极大的影响，发生了不同程度的变化，在教育方面进行兴办学堂教育，废除科举制度，调整教育结构，更新教学内容等具有划时代意义的举措。在音乐教育方面，音乐课被正式列入了国家的教育计划，"学堂乐歌"的出现是中国近现代音乐教育的重要标志。

不管是以李鸿章为代表的洋务派，还是以康有为、梁启超为代表的维新派，都充分认识到了教育的重要性，意识到教育是立国之本，对教育改革都明确提出了自己的主张。他们要求废除封建教育制度，兴办正式学堂。康有为认为德、智、体几个方面的全面发展是学生的培养目标，应该开设诸如音乐、舞蹈、军事训练等相关课程。他主张小孩子在 7 岁以上必须入学，学习文史、算数、舆地、物理、歌乐等相关知识要满 8 年。梁启超十分重视音乐教育，他认为"盖欲改造国民之品质，则诗歌音乐为精神教育之一要科""今日不从事教育则已，苟从事教育，则唱歌一科，实为学校中万不可缺者。举国无一人能谱新乐，实为社会之羞也"。[①]梁启超和康有为的教育主张有力地推动了教育的发展，对当时的教育界产生了极大的影响。另外，音乐教育家沈心工在他的《学校歌唱集》中也特别强调了乐歌在陶冶学生性情、完善学生品格等方面所起到的重要作用。

学校教育的对象都是普通大众，主旨是通过学校教育来提高全民的文化素质、道德品质和审美情操。中国普通学校的音乐教育是以学堂乐歌为开端的。以学堂乐歌为中心的普通学校音乐教育，对改变当时社会风尚、提高国民爱国意识起到了积极作用。国外传教士和留学生与学堂乐歌的出现有很大的关系，这之前在国内几乎没有外国的音乐作品，更没有比较正式的音乐理论。国外留学的一部分学生将国外先进的教育思想和教育经验

---

① 　梁启超.饮冰室诗话 [M].长春：时代文艺出版社，1998：58.

带回来，这也为当时学堂乐歌的出现奠定了基础。1903 年清政府颁布了《奏定蒙养院章程及家庭教育法章程》中写明："歌谣，幼儿在五六岁时渐有心喜歌唱之际所唱，可使幼儿之耳目喉舌运用到舒畅，以助其发育，且使心情和悦为德行涵养之质。"从中可以看出当时已经对幼儿进行音乐教育的必要性有了明确的认识。随后，1907 年清政府在《奏定初等小学堂章程》中，明确将音乐课程列为必修科目，至此，翻开了普通音乐教育的第一页。此后，各个省市也相应制定了本地方的教育章程。《湖南蒙养院教课说略》中明确写道："乐歌为体育之一端，与体操并重；体操以体力发育精神，冲贯血气强身之本，而神定其果，心因以壮，志因以立焉。乐歌以音响节奏发育精神，以歌词令其舞蹈，肖像运动经脉，以歌意发其一唱三叹之感情，盖关系于国民忠爱思想者，如影随形，此化育之宗也，安可忽之？各歌皆取发育小儿身心；教育机关云歌唱者，培养美感。高洁心灵，涵养情性也。乐歌一道为用最大，凡立学堂不设乐歌，是为有教无育，是为不淑之教。盖不止幼稚园为然也。体操发达其表，乐歌发达其里。强健四肢莫善体操，乃全乐歌之妙在于舞蹈，以壮所歌之事与词，而用音响节奏以发扬之。学童得此天养，其粗糙之气卑劣之心自消除。"从中可以看出对学堂乐歌的定位是很高的，强调了儿童如果接受音乐教育，就不会出现粗俗素质低的情况。同时规定了各学校必须把学堂乐歌作为必修课程，不得擅自取消懈怠。在湖南省出台的这一章程里还明确指出要将本省地理、历史等写成歌词，谱成新曲，以启发学生的"爱乡之情"，从而达到"爱国之情"的目的。当时国内许多地方的学校都开设了学堂乐歌课。

许多日、欧留学生，对学堂乐歌的发展起到了积极的促进作用。1912年之前的学堂乐歌主要以旧曲填新词的方式为主，一般都是用欧美的一些旋律填上中国的词，并通过这种方式来对学生进行富国强兵的爱国主义思想教育。发展到后期，许多留学生开始学习欧美的西洋作曲技法，创作具有中国特色的作品，这是学堂乐歌的一大进步。整个音乐教育领域也有很大的改革和进步。第一，当时的国民政府陆续颁布了《中学校令施行细则》《小学教则及课程表》《师范教育令》《师范学校规程》《国民学校令施行细则》等一系列教育法规，对当时的中小学到师范学校的课程设置、课时数量、教学目的、教学内容等都做了比较明确的规定。无论是小学、中学，还是师范学校，音乐课程都是必修课。第二，音乐书籍特别是音乐教材的出版和发行得到前所未有的发展。各类书籍和报刊上发表的学堂乐歌有1400多首，在内容和作曲技法上都更加成熟。此外，用于学堂乐歌的教材有将近30多种，代表人物有沈心工、李叔同、辛汉等。关于钢琴、风琴、军乐、乐器法、音乐教学法等方面的专著和乐谱相继出现，编著和译著的音乐理论书籍将近20种。可见当时的学校音乐教育的发展已经达到了前所未有的高度。

2.新民主主义革命时期

我国杰出的思想家和教育家蔡元培先生提出了"以美育代宗教"的口号，成为当时多数音乐家、音乐教育家进行音乐教育实践活动的出发点。他认为，"人生不外乎意志，人与人互相关系，莫大乎行为。故教育之目的，在于使人人有适当行为。""欲行为之适当，必先有两大准备：（1）计较厉害，考察因果，以冷静头脑判定之，凡保身为国之德，属于此类，赖德育之助也。（2）不顾祸福，不计生死，以热烈之感情奔赴之，凡与人同乐，设计为群之德，属于此类，赖美育之助也。所以美育者，与智育相辅而行，以图德育之完成者也。"蔡元培已经把德、智、美三者的关系论述得非常明确和清楚了。蔡元培的审美思想影响深远，对我国音乐教育的认识上升到了一个很高的高度，对审美教育的发展起到了极大的作用。1919～1949年间，我国的音乐教育发展分为以下四个方面：

（1）普通音乐教育。1923年之前，学校的音乐教育的主要内容以学堂乐歌为主，课程名称也叫"乐歌课"。1923年国民政府颁布《课程设置纲要》，不仅规定小学六年和初中三年均设音乐课，而且将"乐歌课"更名为"音乐课"，这是我国音乐教育的一大进步，不仅仅是音乐课程内容从唱歌扩大到了器乐、音乐理论等，更是一种教育理念的进步。1934年，教育部分别设立了音乐教育委员会和中小学音乐教材编订委员会。这是我国从国家层面设立的第一个专门主管音乐教育的委员会，将音乐教育提升到了一个更高的层面。这一期间，声乐体裁的作品得到了迅猛发展，其中不乏一些优秀的作品。像萧友梅、赵元任、黄自等人创作了很多优秀的歌曲，直到今日，我国音乐学院和高等教育音乐院校还在传唱当时的一些优秀作品。这些作曲家和音乐教育家对我国的音乐教育做出了突出的贡献。

（2）师范音乐教育。由于中小学开展音乐课程需要很多音乐教师，音乐教师的紧缺，相应促使了师范音乐教育的发展。师范音乐教育从20世纪 20 年代到 40 年代末得到了很大的发展。1941 年，"国民政府教育部门"进一步明确规定各省市应根据本省的需要设置音乐师资班。次年又公布了音乐师范科课程设置及教学计划。①我国最早的设有音乐的师范学校是"私立上海专科学校"，1922 年更名为上海艺术专科师范学校。后来相继出现了北京女子师范大学、河北女子师范学院、"国立女子师范大学""国立北平师范大学""国立北京师范学校"等，这些学校都为各类学校培养了大批音乐教师，从中也出现了很多音乐家和音乐教育家。

（3）专业音乐教育。随着中小学音乐教育和师范音乐教育的发展，建立专业音乐学校的呼声也越来越高。这时期出现了一批具有代表性的设有音乐学科的高等学府，比如北京大学音乐传习所，还有开设音乐系的燕京大学、沪江大学等。这些学校主要按照西方的教育体制，以传授西方的音乐理论和技能为主，大多设备简陋、师资短缺，开设的课程不健全。我国体制和规模较为完善的第一所专业音乐院校是 1927 年建立的"上海国立音乐学院"。1929 年更名为"国立音乐专科学校"。后来相继出现了"国立北平大学女子文理学院"、私立京华美术专科学校、"国立杭州艺术专科学校"、金陵女子文理学院等一批音乐教育专业和学校。

（4）抗战期间的音乐教育。抗战期间随着抗日救亡运动的发展，学校成为宣传抗日思想的主要阵地，因此这一时期的歌曲主要以抗日救亡歌曲为主。聂耳、冼星海、任光、张曙、麦新等人创作了许多反映当时广大群众要求坚决抗战的爱国热情的歌曲，这些歌曲成为当时学校音乐教育的主要内容，对当时的抗战做出了极大的贡献。随着战火的扩大，许多地方的音乐教育都出现了缓慢甚至停滞的局面。1937 年，在共产党领导的抗日战争敌后根据地，建立了一所由无产阶级领导的综合性艺术学校——延安鲁迅艺术学院，由吕骥和冼星海先后任音乐系主任。他们研究进步音乐理论与技术；研究中国音乐遗产；培养抗战的音乐干部；推动抗战音乐的发展；组织边区的一般音乐工作；编印出版音乐刊物，创作大量的革命歌曲以及歌剧的作品，发表了许多有价值的音乐理论文章。

（四）当代音乐教育

中华人民共和国成立以来，我国的普通学校音乐教育事业取得了空前

---

① 刘问岫 . 中国师范教育简史 [M].北京：人民教育出版社，1984：96.

的进步和成就，发生了历史性的变化，同时也经历了一个曲折的历程。在总结正反两方面经验教训的基础上，我国的学校音乐教育正朝着现代化、民族化的方向发展，随着经济建设与改革开放的进展，一个具有中国特色的、社会主义的音乐教育体系，正在探索中逐步确立。中华人民共和国成立以来的学校音乐教育大体可分为三个时期：

第一个时期（1949年至1966年）。这个时期是我国社会政治、经济、文化、教育各方面发生巨大转变和迅速发展的时期。随着对旧的教育体制改造的完成，新教育体制的建立，政府颁布了一系列教育行政法规，确立了美育和音乐教育在全面发展教育中的地位，迅速使全国的音乐教育步入正轨。1952年教育部颁行的教学计划规定：音乐为中小学必修课，小学和初中一、二、三年级均开设音乐课。并强调"实施智育、德育、体育、美育全面发展的教育"方针，以"陶冶学生的审美观念，并启发其艺术的创造力"。1956年教育部颁行的初中音乐教学大纲规定：学校音乐教育是"美育和全面发展教育的一个有机组成部分。音乐教学的目的主要是教会学生有理解有表情地唱歌和感受音乐，通过歌曲艺术形象的感染来培养全面发展的社会主义新人"。音乐教学的内容包括唱歌、音乐知识和欣赏三部分。对于音乐课外活动给予了高度的重视，和音乐课堂教学具有同等重要的意义。在配合社会和学校的政治、文化生活方面，课外音乐活动呈现出丰富多彩、生动活泼的局面。针对当时音乐师资缺乏的状况，国家对师范音乐教育给予了高度重视。1952年全国15所高等师范院校设立了音乐系科，1956年我国第一所艺术师范学院在北京成立，继而一些省、市和地区也成立了相应的艺术师范学院或在中等师范学校设立音乐（艺术）班。同时，综合性大学和高等师范院校的音乐（艺术）系科也有所增加。至1966年，先后创立了9所高等音乐学院，全国各大行政区至少有一所专科的音乐专门学校。这些学校培养出的大批音乐师资在音乐教育工作中发挥了重要作用。

中华人民共和国成立初期音乐教育发展的一个重要因素是学习苏联的音乐教育体系、教学思想和方法。在全面向苏联学习的方针指导下，认真学习苏联的教育教学理论；翻译出版介绍苏联音乐教育教学的理论著作；派出留学生到苏联和东欧国家学习；聘请苏联专家来华讲学。苏联的音乐教育理论和教学方法对我国学校音乐教育产生了很大的影响。

这一时期的学校音乐教育的另一个重要特点是，音乐教育与当时的政治、经济和社会发展变化紧密联系，特别是音乐教学的内容与当时的社会政治活动紧密配合。这一特点，一方面是继承了从学堂乐歌、救亡歌咏运动以来的优良传统，中小学音乐课内外所学的歌曲和社会上的歌咏活动在宣传、鼓舞群众方面发挥了巨大的作用。另一方面，中小学音乐教育也随着政治、经济形势的变化，受到较明显的影响，以至从 20 世纪 50 年代后期开始，美育和音乐教育受到一定程度的忽视，音乐课时被削减。

综观这一时期的音乐教育，从总体上说，在全面发展教育方针和有关政策法规指导下，音乐教育正沿着正确、健康的方向迅速发展，并取得了空前的成就，为以后音乐教育事业的发展奠定了基础。

第二个时期（1966 年至 1978 年）。这一时期音乐教育与其他文化教育事业同样陷于混乱之中。这一时期的音乐教育状况是，一方面美育和音乐教育的价值被否定，正常的音乐教学几乎处于被取消状态；另一方面音乐活动向着极端政治化、畸形化的方向发展，从根本上违背了美育的宗旨和规律。在此间推广"样板戏"的文艺活动在客观上起到了宣传音乐民族化的作用。

第三个时期（1978 年至今）。党的十一届三中全会以后，特别是改革开放以来，音乐教育事业走出低谷，迎来了复苏、繁荣的发展时期。在党的十一届三中全会提出的解放思想、实事求是路线的指引下，美育的重要性又提出来了，政府重新认识到音乐教育在中小学教育中的重要作用和不可替代性。1979 年以来，从中央到地方的教育行政领导部门先后多次召开专门会议，研究有关艺术教育问题。1981 年 1 月，文化部、教育部联合发出关于《当前艺术教育事业若干问题的意见》，意见指出："要重视培养专门艺术人才，也要注意普通教育中的美育。各级文化教育部门必须把艺术教育放在应有的地位，加强领导，大力支持，认真抓好。"[①] 1985 年 5 月，中国音乐协会（简称中国音协）第四次代表大会召开期间，37 位音乐教育界代表联名向党中央、教育部倡议呼吁，要求尽快改变当时普通音乐教育落后现状，并把《关于加强学校音乐教育的建议书》发表在《人民音乐》刊物上。第六届全国人民代表大会第四次会议审议通过的《关于第七个五年计划的报告》中，

---

① 孙继南.中国近代史音乐教育史纪年（1840～2000）[M].上海：上海音乐学院出版社，2012：237.

明确把美育、德育、智育、体育一起列入国家的教育方针，从而重新确定了音乐教育在学校教育中的地位，使音乐教育又正式恢复到学校教育中。

1986年国家教委设立了直属艺术教育处，并且成立了由47位专家、学者、教师、研究人员组成的艺术教育委员会。这一举措，改写了我国教育史上音乐教育无专门机构和专人管理的历史，在国家政府中第一次有了主管艺术教育的职能机构。在各省市，也有了专门从事管理音乐教育的机构和人员，形成了一定层次的音乐教育管理的网络。

特别是20世纪90年代后，我国的音乐学校教育得到了蓬勃发展，在党和政府的领导下，美育和音乐教育在学校教育全面发展中的地位重新得到确立。

随着我国音乐教育的进一步发展，总结了中西方音乐教育体系、教育方式的大量经验，并将其运用在我国的音乐教育之中，这些思想教育体系，在帮助以及规范我国音乐教育走向一条正确道路的同时，也使得我国本身的音乐文化得到传承。虽然说中西方音乐发展在不同的地方，吸收着不同的养分，但是音乐是蕴含在不同文化中的，文化的差异性也会导致音乐的差异性，也将促进音乐教育的发展，这就使得音乐教育在发展路途中有着许许多多值得借鉴的方面，这也使得我们在音乐的学习以及未来的音乐教育中，应该扬长避短，全力推动我国音乐教育发展。

第二节 音乐教育的本质

我国音乐教育的起步并不晚，但是音乐教育基础理论的研究相对来说比较薄弱，这是由多方面的历史原因造成的。在科学和教育飞速发展的今天，国际上各种音乐教育思想相互碰撞和影响，需要我们以马克思主义哲学的头脑去审视、去思考，以汲取适合我国国情的音乐教学方法和经验。深入地学习和研究教育理论，构建和完善马克思主义音乐教育哲学体系，这是时代发展的必然趋势。

一、音乐的基本特征

（一）音乐教育是声音的艺术

音乐艺术表现形式主要是声音，音乐意象的塑造材料多为有组织的音的材料。声音作为音乐艺术表现的手段，与自然界的其他声音相比有着许多不同的特点。音乐作品中所发出的声音是音乐家费尽心血创作出来的，音乐需要依靠音乐手段的模仿、象征和暗示，并且对听到音乐后的事物事件展开丰富的联想与想象才能够实现。要想获得敏锐的音乐听觉，拥有"音乐的耳朵"，除了先天条件外，还需要经过后天的艰苦训练。音乐是声音的艺术，正如文学是语言的艺术一样。语言的每一句话甚至每一个字都有特定的含义，语义具有一定的约定性，在特定的社会范围内运用具有约定俗成的含义。音乐的声音是非语义性的，与语言完全不同，因为它是非语义性的，所以本身不会含有语言那样的含义。音乐对现实的反映比较间接，正是因为听觉感受到的音乐信息是非语义性的，因此音乐艺术也具有某种不确定性。音乐对听觉有一定的要求，音乐听觉培养的最佳途径正是依靠音乐教育来实现的。

（二）音乐是音响的艺术

音响是音乐的物质材料，音响在流动中产生音乐。音乐具有一定的规定性和选择性，感人的艺术形象依赖一定高度、长度、力度和音色的音响材料，并通过旋律、节奏、节拍、音区、音色、调式、调性、和声、复调、曲式和肢体等表现手段塑造出来。

音响是构成音乐的物质材料，音响派生出了音乐艺术的听觉属性。音响的流动虽然可以构成音乐的存在方式，但音乐必须经过听觉的感知才能实现其存在价值。音乐具有某种不确定性是因为听觉感受到的音乐信息是非语义性的，音乐对现实的反映比较间接。同时，由于人的听觉对音乐的感受能力存在着明显的差异，敏锐的音乐听觉的获得既需要先天的条件，又需要后天的训练。"音乐的耳朵"并非人人能够拥有。因此，音乐对听觉有一定的要求，音乐教育是培养音乐听觉的最佳途径。

（三）音乐是情感的艺术

音乐借助声音这个媒介来真实地传达、表现、感受审美情感，是所有的艺术形式中能抒发情感、最擅于拨动人的心弦的。"我们不仅认为音乐能表达情感，而且认为音乐内容主要是情感内容。"①因为声音这种音乐所采用的感性材料和审美形式最合于情感的本性，因此音乐最适宜表达情感，在传达和表现情感方面明显优于其他艺术形式。音乐表达或缠绵悱恻，或热烈亢奋，或庄严肃穆，或悲凉沧桑，人的情感与其他任何艺术相比都更直接、更深刻、更真实。

（四）音乐是表现的艺术

音乐对人类社会生活的反映是表现性的而不是再现性的。音乐既无法像绘画那样诉之于视觉的直观感受，也无法像文字符号把五彩缤纷的大千世界描述出来，因为音乐所用的材料和结构具有非语义性。音乐表现的是人们对外部世界主观感受的心灵之光。音乐能够无拘无束地驰骋在广阔的内心世界，是因为音乐的表现带有自由而随意的特点，虽然这种表现是现实生活间接的表现。当然，音乐的表现必须通过表演的形式才能完成，如演奏、演唱等二度创作。否则，谱面上的音乐作品就失去了存在的意义，无法转化为流动的音乐。

（五）音乐是时间的艺术

音乐需要在时间中展开并流动。在音乐欣赏中，音乐想要给人们留下整体的印象，首先需要从细节和局部开始，直到全曲唱完或奏完。音乐意象作为听觉艺术是在时间中开始展开的，并随着瞬间的延续在运动中呈现、展开、发展、结束。"音乐意象"指的是艺术家的思想感情在整个音乐作品中的表现以及在欣赏者的思想感情中所产生的意象或意境的共鸣。例如，《春江花月夜》曲调安逸、恬静、优美，创造了江南月夜泛舟于景色如画的春江之上的令人心驰神往的音乐意境。《十面埋伏》运用琵琶特有的技巧对金戈声、战鼓声、呐喊声的模拟，表现了气势恢宏、震撼人心的古战场场景。《黄河大合唱》用颂歌、哀歌和战歌的形式，展开了一幅幻想与现实的宏伟图画，塑造了中华民族巨人般的音乐意象。音乐意象是随着时间的推移，在音乐发展的过程中形成和不断丰满的，是用一定时间展现的意象过程。

---

① 于润洋.音乐美学史学论稿[M].北京：人民音乐出版社，1986：30.

二、音乐教育的性质

（一）音乐教育的人本性质

1.音乐教育对人的情感世界的丰富

首先，音乐可以插上想象的翅膀展开尽情地联想和思考，不同层次的感情在瞬间或长期内都可以产生。人们往往在欣赏音乐作品的过程中，通过听觉器官得到音响的效果，并与自己的生活经历产生共鸣，获得自己对作品的理解，并对人产生进一步的影响，同时，音乐能够冲破时空的限制，使欣赏者产生身临其境的效果，带来切身的体验和感受。其所表现的内容能够与环境与时代同呼吸、共命运，使欣赏者产生情感上的共鸣，通过自己的切身思考从而得出新的结论。

其次，音乐扎根于现实生活，充分表现了人类丰富的情感，是现实生活情感的升华和提炼。音乐审美联想中产生的"移情"作用，使欣赏者充分代入音乐作品之中，充分体验艺术家的思想和情感，切身感受艺术作品所反映的社会生活，从而在潜移默化中受到影响和教益。之所以说音乐教育是以最富于情感的艺术来丰富人们内心的情感世界，是因为音乐艺术所包含的内容不计其数，包罗万象，是一种综合的艺术形式，拥有其他艺术形式不可替代的作用。人们能够从音乐作品的鉴赏中获得共情，培养人们对真、善、美的热爱。

2.音乐教育对人的精神境界的提升

音乐能够强烈快速地触及聆听者的心灵，因为音乐和人的心理、感情活动在形态上都具有运动的、有节奏的、不可见的、稍纵即逝的特点。黑格尔对此有过精辟的论述，他说："在音乐中，外在的客观性消失了，作品与欣赏者的分离（在其他艺术中还有这种对峙）也消失了。音乐作品于是透入人心，与主体合二为一，就是这个原因，音乐是情感的艺术。"音乐对人的精神有一定的调剂作用，心情愉快的人一般内心会比较平静，情绪也相对稳定。音乐使人得到了愉悦和美的享受，积极的情绪就会表现出来，焕发出神采。在音乐美的长期感染和熏陶下，能够得到精神上的愉悦和滋养，使人的精神世界更加宁静、更加完美、更加和谐，从而得以培养出健康的审美情操和审美情趣。

3.音乐教育能激发人的创造才能

人类的进步和文明史归根到底离不开创造，创造是永恒的，它贯穿着人类发展史的始终。随着现代科技的发展、现代社会的变革和人文思想的进一步发展，对人的研究在当代社会也随之进入了一个更加深化的时期。创新开拓型的人才在迅猛发展的现代科技、日新月异的智能化生产过程中日益成为社会需要的紧缺型人才。艺术的要旨就是其创造性，只有具备创造性的艺术才能称之为真正的艺术。艺术领域的创造性活动是创作者艺术个性和精神的充分延伸和表达。艺术的本质就在于能够赋予我们寻常之物标新立异的创新意识，从思维雏形到艺术呈现，集合了创作者本身的创造力。创造性能力不仅体现在意识方面，更体现在创造性的思维和实践能力方面。

音乐教育与其他学科教育不同，在培养人的创造性能力方面音乐教育具有特殊的作用。在参与和体验的过程中使人变得更具有形象力和创造能力是音乐教育的重要目标之一。音乐教育是一种思维方式和创造力的综合，能够发掘受教者的潜在能力和创造性思维，具有特殊的意义和价值。所以，音乐教育具有培养受教者创造力的巨大潜能。

（二）音乐教育的审美性质

1.技艺性

技艺性可以说是一切音乐教育的共性之一。艺术教育必须开展必要的技能技巧培训，这是因为艺术教育在提高学生对美的感受和理解能力的同时，还需要培养其对艺术的表现和创造能力。音乐感受、音乐鉴赏、音乐表现都必须掌握一定的技能和技巧，音乐教育作为一种审美教育，更不能单纯停留在知识的传授阶段而止步不前。任何形式、任何层次的音乐教育，都是为了音乐的聆听（欣赏）、演唱演奏（表演）和创作（表现），而进行一系列的技术方面的知识传授和技能训练，没有了必要的技术训练，音乐教育所肩负的美育任务就很难完成。如中小学音乐教学中就包含声乐器乐表演技巧、识谱能力、音乐听觉能力等技术方面的具体要求。至于音乐欣赏、音乐创作，也同样是要在具备"音乐耳朵"的前提下才能更好地进行，而"音乐耳朵"的培养必须以各种形式的听觉训练为前提、以综合性的音乐知识和技能的学习为基础。因此，从总体上来看，音乐教育是一门技术性很强的学科。

音乐作为一门艺术，任何技术手段都是为一定的内容和形式服务的。脱离美感表现的技术训练只是缺乏审美意义的纯技术操作，这种纯技术训练不符合音乐的特殊规律，是无法实现美育任务的。音乐教育中所进行的技术训练不但是一种"艺术性的技术"，也是一种音乐表现能力的培养。这种艺术技能的属性，在完善音乐品格的同时，又可以实现音乐教育审美教育的目的。音乐教育的技艺性必须依赖于音乐实践的环节才能体现和完成，如果离开了音乐艺术实践，音乐教育的技艺性便无法实现了，美育任务自然也无法完成。所以，音乐教育的特征之一是通过实践过程来体现其技艺性，这一点与自然、人文学科相比显得尤为重要。

2. 情感性

不同的音乐作品所蕴含的情感内涵不同，音乐既是精神层面的表现，同时也是生活情感的一种艺术。在艺术教育中情感活动的基础是对审美对象的感知。富有情感是美感最重要的特征之一，判断音乐作品审美价值和艺术教育成败的重要标志之一就是看审美对象能否唤起审美主体的情感。因此，情感在艺术教育中占有重要地位。音乐是对人类情感的表达和升华，是富于抒情的艺术，音乐的教育功能是通过情绪感染和情感共鸣的途径才得以实现的。人们可以从音乐的审美过程中，通过情感的抒发和感受，产生认识和道德力量。音乐的主要内容是对现实生活主观感受的思想情感表达。这种情感既不是纯生理性的喜怒哀乐，也不是纯个人的自我表现，而是具有社会性的，有思想倾向性的。

音乐教育是美育的重要组成部分，它所培养的审美情感是一种高级的情感。音乐所表现的内容，在情感上更容易被人们所接受，是因为音乐教育手段中的音乐感知和感情体验，相较于艺术教育中的此种关系更加直接和密切。音乐教育教学必须重视情感，那些忽视情感，不符合音乐的审美特点的教育教学很难取得成功，卓有成效的音乐教育教学无不充满着丰富的情感流露与交流，音乐教育以情动人的规律应该贯穿整个音乐教学的始末。

3. 愉悦性

音乐的愉悦性是音乐的创造者和欣赏者因音乐引起的一种主观精神上的喜悦。音乐艺术审美活动在心理上具有审美愉悦的效应，音乐带给人们的愉悦感实际上是一种审美的趣味判断，这一复杂综合的心理过程在艺术教育中体现出来，就产生了"寓教于乐"的共性规律。审美经验积淀的心理反应，是一种美感享受，愉悦性在音乐教育中是构成审美的一种本质力量。在音乐教学中，音乐教学的教法和选材非常重要，优美的旋律能够带给学生愉悦感，这种快乐式的教学能够赋予音乐教育强大的生命力和创造力。相反，如果音乐教学的选材和教法缺乏美感，学生感觉不好听和听不懂，这样的音乐教学很难带给学生愉悦感，其教学效果也是不会理想的。

音乐的愉悦性是多层次的，音乐教育不能仅仅停留在听觉官能的纯生理快感的初级阶段，应该充分发挥教师的引导作用，发挥音乐的审美功能，把音乐的愉悦性向更高层次升华。从而获得更高层次的审美自由，感受和领悟更高层次的音乐内涵。

4.形象性

艺术形象是艺术对社会生活的一种特殊形式的反映。任何艺术形式都需要以塑造自己本门类的艺术形象来表现一定的内容，艺术形象是艺术作品的核心内容，所以，艺术教育的内容是以一定鲜明生动的艺术形象为根本的。

音乐教育具有艺术教育的形象特征，是出于对音乐教育本体规律的认识和体现，并不仅仅是对音乐美学"形象论"的认同和肯定。

音乐和其他艺术一样，是反映人类现实生活情感的一种艺术。只不过音乐的艺术形象是诉之流动音响，依靠听觉来感知的特殊艺术形象，这种形象是一种比较宽泛的艺术形象，虽然是非视觉性的，但由于它不是抽象逻辑思维的产物，所以通过联想、表象、想象等心理活动，仍然构成有思想情感的，有审美价值的内容。由于音乐教育中体现形象性特征有助于促进学生对音乐的感受理解、鉴赏和表现能力。所以在中小学的音乐教育中，多数教材都借助了文学（歌词）和标题而使音乐艺术形象更加具体化、确定化，这无疑是音乐教育具有形象性的客观依据之一。音乐教育的形象性特征，还体现在教学实践活动中。儿童、少年阶段对世界的认识，首先是从感性开始的，具体的形象易于感知，是他们步入音乐殿堂的入门钥匙。这种直观性的思维方式势必要求在音乐教学方法、手段等方面，努力寻求听觉、视觉甚至运动觉等方面的感受中介，然后通过通感、联觉和表象等心理过程达到对音乐的准确感知和深刻理解。音乐的形象性和情感性的联系密不可分，因为音乐主要是通过表达感情来体现的，抒情手法是塑造音乐艺术形象最主要的手法。

（三）音乐教育的个性化

音乐教育对学生个性的发展，有着其他学科不可替代的特殊作用，是适应社会发展的时代要求。音乐教育的个性化为培养学生的批判性思维打下了坚实的基础，能够帮助学生获得个性的发展，实现个体价值的追求。人本教育中的个性指的是学习者的主体意识和音乐教学过程中蕴含的有利于自我意识表现的各种成分。音乐创作、欣赏等理论课和表演技能课均可通过教学内容使教学双方得到主体意兴的充分表达。在音乐教学中教师不但要充分尊重学生的个性，还应该调动学生的求异思维，充分激发学生的主观能动性，使每个学生都能发挥自己的长处，在愉悦轻松的教学氛围中获得知识的增长和人格的提升。在个性化音乐教育中，教师应该进一步关注学生个性的发展，逐步引导学生走出"自我"的个性拘囿，升华到更加广袤深邃的"大我"之中。

（四）音乐教育的艺术化

音乐教育的艺术化包括两个方面，即艺术修养和音乐知识技能。近年来，很多人开始用"艺成而上，技成而下"的观念来审视音乐教育。这里的"艺"指的是全面的艺术知识和修养，"技"主要指音乐的表演技能。意思是将艺术修养放在第一位，音乐知识技能放在第二位。"艺"是音乐全面发展的标尺，是音乐综合能力和艺术综合素质的体现。音乐教育的艺术化的实现需要在长期的音乐学习和艺术实践中不断积累，对多方面的知识进行融会贯通，形成各种感性的认识和理性的经验。音乐技能作为音乐表现的基础和手段，是通过无数次重复、总结、规范而形成的科学化系统，在音乐教育中往往特指作曲和表演技能课程的"双基训练"。

完美的音乐实践是音乐富有魅力的表现过程，这一过程不仅仅需要有序的音响控制、动静对比的旋律、变化有致的节奏、逻辑严密的结构、丰富多样的和声等专业技巧，更需要从艺术的高度主动去创造音乐美，表现和再现人的情感理想，使音乐更具激情和感染力，更富有精神内蕴和形象力，包含更广阔的艺术享受空间。完美的音乐形式、感人肺腑的美妙旋律、动听悦耳音响的形成，都是音乐技巧与艺术修养的有机结合和高度统一的结果。音乐教育的目标不只是娴熟的音乐技巧，只有"化技为艺""化技为情"，使技巧转化为有生命、有意味的情感状态，从而将情感和想象、联想融汇成勃勃生机的音乐形象，音乐教育才能上升到艺术化的高度。对音乐形象塑造得越鲜明、越生动，音乐形式创造得越丰富，就越能显现艺术的上乘境界。要实现从音乐技术教育向艺术教育的转型，首先应该克服"技术至上"的艺匠思想，澄清和扭转音乐教育从技术基本功开始的观念。始终把启发音乐的创造力和想象力作为音乐教育的目标，使学生处于音乐潜力的不断探求和发掘之中，丰富音乐想象力，不断增强音乐创新能力和创造意识的学习氛围。必须控制逐步扩张和无限升级的，急功近利地刺激音乐技术教育的竞技和考级行为，突破纯技术训练的尖子培养模式，扭转目前"重技轻艺"的反艺术的匠化观念，使音乐教育改革实现柳暗花明的改变。

三、音乐教育的主要作用

（一）音乐教育是实施审美素质教育的重要途径

从一定意义上来说，人类社会的发展过程实际上就是按照美的思想对客观世界进行改造的过程，美的教育是贯穿人一生的终身教育。美育不仅能开阔学生的视野，净化学生的心灵，活跃学生的情绪，还能增强学生的思维能力，促进其智力的发展。随着社会的进步和教育体制改革的进一步发展，人们越来越认识到，音乐教育是有别于其他教育形式的特殊教育，具有对心灵美的塑造的独特功能，是对学生进行美育教育的重要组成部分。教育家苏霍姆林斯基曾经说过："在影响人们的心灵的手段中，音乐掌握着重要地位，音乐是思维能力的源泉，没有音乐教育，就不可能实现合乎要求的智力发展。"音乐教育的作用是其他形式的艺术教育无法比拟的，它通过对音乐的感受、理解、鉴赏、表现和创造等能力的培养，对学生进行审美教育。音乐教育是以审美为核心，以音乐为媒介，培养学生正确的审美情趣和感受美、鉴赏美、创造美的能力的教育，音乐教育能够有效提升学生的审美素质。在音乐欣赏过程中通过让学生充分感受音乐美，正确理解音乐，由此提高自身的鉴别能力，自觉抵制那些粗制滥造、庸俗低下的音乐作品，多去接触优秀的、民族的、高雅的音乐作品，培养其正确的审美观念。提高学生的审美能力，塑造其健康健全的人格。音乐的美感力量是独特而巨大的，没有任何一种艺术能够涵盖和替代，因此音乐教育是实施美育的主要内容和途径。

此外，音乐审美存在于音乐教育之中，音乐美育对素质教育有着重要的促进作用。素质教育的目标是培养全面发展的高素质人才，音乐教育是开展素质教育的重要组成部分。音乐是人的知识结构中重要的组成部分，也是培养人的高雅的审美情趣，提高人的素质的重要途径之一。忽视音乐教育，必然导致人才素质上的缺陷，影响人的健全人格的形成和精神生命的健康成长。因此，音乐教育是实施素质教育和审美教育的重要手段，三者相互联系，相互渗透，相互作用。在我国，音乐教育具有优良传统，加强音乐教育，是实现由应试教育向素质教育转变的一项重要内容，加强音乐艺术教育是素质教育转变的一个突破口和切入点。因此，在目前和未来的音乐教育中，我们需要更多地注重训练学生摆脱现有的思维模式，建立能不断取代传统形式的创新思维，激发学生把思想集中在一个新的领域里，进而使音乐活动成为学生获得知识和创造发明的有效途径。

（二）音乐教育是落实以德育人的重要举措

音乐是人类最亲密的朋友，是人类的第二语言。美的音乐不仅能够愉悦身心，使人的心灵得到净化，而且能够在潜移默化中影响人的行为，使其变得高尚。思想道德素质教育是学校教育的根本，提高学生思想、文化业务素质、科学创新素质、劳动实践素质和心理素质是学校教育的基本内涵和着眼点。其中思想道德素质教育是学校教育的根本，以德育人是思想道德教育功能的具体表现，因此，在音乐教育中，我们应该帮助学生树立健康、正确的审美观，培养学生美好的审美情趣、审美意识，提高学生的审美能力。

学生良好的道德品质需要在音乐艺术教育的潜移默化中自然而然地形成，在音乐课堂教育中，对学生的情感进行影响和改造，需要不失时机地渗透德育教育内容，努力做到"以情育人，以情动人"。丰富的德育因素蕴含在音乐的词曲作者、歌词内容、歌曲旋律等方方面面。苏霍姆林斯基说："把真理转化为有血有肉的具体行为和行动的过程，在很大程度上取决于情感教育和善良情感的形成，而以情感育人是音乐学科育人的一大优势。"音乐对人的品德的塑造功能被中外许多哲学家、教育学家所认可，音乐对道德的教化功能在中国历来被人们所重视。现代教育的教育方针中，音乐教育一般被划归在德育的范畴，由此可见音乐教育与德育的关系是密不可分的。同时因为音乐教育本身所具有的娱乐性、趣味性，从而决定了其所具备的德育功能不是一味地枯燥的说教，而是将深刻的内容以一种令人愉悦的方式表达出来，在不知不觉中对学生的思想、行为产生影响。

（三）音乐教育是培养创新能力的重要方式

音乐能够激发学生的创造性思维，拓展学生的思维空间，丰富学生的想象力，提高学习的效率。无论是音乐创作还是音乐欣赏总的来说都是音乐联想、想象与创造的过程，每一位创作者或欣赏者对音乐作品的理解，都有自己的主观意识和个体理解，这与他们自身的实践经历和认识水平有密切的关系，每一个人对音乐的体验都有其个性化的特点。自然科学注重抽象思维的培养，而人文科学则侧重于形象思维能力的培养。形象思维通过想象和联想揭示事物的本质和规律，在增进思维开拓、求异和创新的同时，推动想象和联想，触发创造思维的火花。教育过程不单单是单纯的知识和技能的传授，最难、最核心的问题在于受教育者创新思维能力的提高。美国思想家梭罗认为，知识并不等同于智慧，知识只有与审美结合才能塑成智慧。物理学家劳厄也曾说过："重要的不是获得知识，而是发展思维能力。"如果学生只会一味地模仿和抄袭，形不成自己的主观意识和创造思维，那么他将一无所获。音乐素质教育对个体精神境界的升华、创造力的开发及思维方式的拓展具有不可低估的作用，音乐教育是人文素质教育的重要内容。音乐艺术的非线性的思维方式、答案的不确定性和语言含义的不明确性，音乐创作和情感体验中的顿悟和思绪的闪现，都对人的直觉、推理、想象、创造等感知和思维方式有着很大的帮助。

（四）音乐教育是促进身心健康的重要手段

音乐教育的目标是培养人的心理和精神健康。音乐中优美的旋律、规范有力的律动、生机勃勃的节奏、丰富的和声织体、绚丽多彩的乐曲，这些对年轻人有着很大的吸引力。我们应该充分利用学生喜爱音乐艺术这一特点，在教学过程中有目的、有计划地选择一些积极乐观、健康向上的音乐作品，增强他们心理情绪自我控制与调节的能力，使他们形成美的自觉意识，激发起创造性思维，从而达到身心健康发展的目的。

相关科学研究证实，当人的心情愉快时，血液中会产生一种有利于健康的化学物质。音乐可以引起大脑皮层的兴奋点，有益于身心健康，当动人的音乐通过人的听觉传达到大脑皮层以后，能够刺激神经系统，使人的精神面貌发生改变，从而产生和塑造高尚的情操和优良的品质。从感性入手、以情动人、以美感人是音乐的主要特点。开展音乐文化艺术活动，让学生通过音乐欣赏、演唱或演奏、进行艺术创作或艺术表演，他们的精神生活将充满着愉悦欢乐。这种充满着愉悦欢乐的生活，有助于消除他们心中的烦恼，排除他们的心理障碍，保持情绪的健康和稳定，从而形成健康的心理素质。我们应该充分发挥音乐教育的特殊功能，以乐曲的旋律美、歌词的语言美、音响的意境美、表演的形态美、演唱的情感美，来陶冶人的情操，净化人的心灵，美化人的行为。我们要充分发挥音乐教育中美的作用，用音乐来塑造美、创造美。

音乐艺术教育有助于学生良好人际关系的建立，人际关系是人与人之间由于交往而产生的一种心理关系，它主要表现为人与人之间在交际过程中关系的深度、亲密性、融洽性和协调性等心理方面联系的程度。良好的人际关系有助于人们取得学业和事业的成功，音乐艺术实践能够促进学生积极交往，并在交往中认识并体会人与人之间的关系，了解社会生活的基本准则，掌握社会性交往的基本技能，亲身体验人与人之间利益相关的现实情况，理解相互尊重的必要性，学会与他人合作，建立良好的人际关系。音乐是合作的艺术，在许多情况下表现为群体性的活动，如合唱、合奏、重唱、重奏及歌舞表演等，这些相互配合的群体音乐活动强调参与者之间充分的信赖、密切的配合，否则就会失去美感。因此，音乐艺术实践有利于培养学生的团结协作精神。

组织开展学生自愿参与的音乐艺术实践是尊重学生自主选择的过程，心理学研究及实践表明，对于自主选择并主动参与的活动，人们往往能想方设法去做好，以达最佳效果。反映在行为举止上则是人们注意相互尊重，相互配合，即使有意见分歧，也力求以一种豁达的态度求同存异。因此，音乐艺术实践有助于学生养成良好的行为举止。

第三节　音乐教育的重大意义

　　随着时代的飞速发展，音乐教育成为教育的重要组成部分，对于个人和社会有着不可忽视的作用。即使在科学技术高速发展的今天，音乐教育仍具有相当重要的价值。它以培养人塑造人为目的，并贯穿于教育全过程，它是一种人文社会学科。音乐教育学又是一种交叉学科，它是音乐学与教育学互渗交融的产物。把音乐教育学看作教育学的一个领域，随着学科教育学的兴起，体现了教育学发展专门化的趋向。音乐教育的重要意义主要体现在以下几个方面：

一、有利于学生树立正确的人生观和培养学生爱国主义精神

　　当代学生肩负着实现我国社会主义现代化建设的重任，这就要求他们必须具备良好的政治思想素质。首先应当具有强烈的爱国主义精神，做一个坚定的爱国主义者。爱国主义精神的培育可以有多种渠道，音乐教育则是必不可少的重要渠道之一。如通过欣赏《国际歌》《义勇军进行曲》《黄河大合唱》《英雄交响曲》等充满爱国主义与国际主义激情的乐曲时就不仅能使学生受到爱国主义和国际主义的教育，而且可以帮助学生树立崇高的革命理想，使学生在发展文化的先进性和与时俱进的爱国热情时，逐渐把自己锻造成一个坚定的爱国者。在欣赏《流水》《命运交响曲》等乐曲的同时，可以引导学生勇于直面现实中的困难与挫折，锻炼不屈不挠的斗争精神，不断自我激励，形成爱祖国、爱人民、奋发图强、积极进取、乐观豁达的人生观。

二、音乐教育是文化教育的主要内容

　　音乐不是孤立的，它同各种艺术形式有着密切的联系。音乐既是一种社会现象，也是一种文化现象，因此音乐教育也是文化教育的主要内容，音乐发展的历史折射出一切文化的光彩。音乐教育可以开阔视野，丰富各方面的知识，有助于提高学生的文化修养。比如，《长征交响曲》就是根据二万五千里长征这个伟大的历史事件写成的，长征组歌《红军不怕远征

难》则是用大合唱的形式再现了这段历史。通过欣赏这样的音乐作品，学生既受到了革命传统的教育，又获得了历史知识。

音乐同自然有着不可分割的联系，许多音乐家都喜爱表现大自然。象征着各民族文化和精神的河流是音乐家最爱表现的题材之一，如《长江之歌》以磅礴的气势歌颂了长江；《黄河颂》则以豪迈的情怀谱写了民族精神的赞歌。当我们欣赏这样的音乐作品时也受到了历史和文化的熏陶。还有很多根据文学作品改编的音乐作品，如比才的歌剧《卡门》是根据法国作家梅里美的小说《卡门》写成的；格里格的《培尔·金特组曲》是根据易卜生的诗剧《培尔·金特》写成的；肖邦的《降 A 大调第三叙事曲》是根据德国诗人的传奇叙事诗《洛列莱》写成的，这些音乐作品增加了学生对这些文学作品的认识和理解。

音乐文化的教育还表现在民族音乐文化的教育中。我国是一个有着五千多年文明史的古国，有着丰富的民族音乐文化遗产。在我国民族音乐文化的宝库中有许多瑰丽的珍宝，如琵琶曲《十面埋伏》、丝竹乐《春江花月夜》、二胡独奏曲《二泉映月》等都走向了世界，受到世界人民的喜爱。小提琴协奏曲《梁山伯与祝英台》是根据越剧曲调的素材写成的，它之所以受到人们的喜爱，是因为它那浓郁的民族风格，深深扎根在民族音乐文化的土壤里。国外的评论家都盛赞这部音乐作品具有"最美妙的旋律"，是"真正伟大的艺术"，并被誉为"蝴蝶的爱情协奏曲""东方的罗密欧与朱丽叶"等。

音乐文化教育还表现在民族音乐的审美意识方面，如民族调式、民族风格、民族演奏形式、民族的感情方式等。通过音乐文化教育提高学生的文化修养，使他们更加热爱祖国的民族音乐。

三、音乐教育对德育的渗透作用

德育有广义和狭义之分，广义的德育指所有有目的、有计划地对社会成员在政治、思想与道德等方面施加影响的活动，包括社会德育、社区德育、学校德育和家庭德育等方面。而狭义的德育专指学校德育。学校德育是指教育者按照一定的社会或阶级要求，有目的、有计划、有系统地对受教育者施加思想、政治和道德等方面的影响，并通过受教育者积极的认识、体验与践行，以使其形成一定社会与阶级所需要的品德的教育活动，即教育者有目的地培养受教育者品德的活动。提高受教育者的思想道德品质，是德育教育的根本目的，这种思想道德品质教育必须以情感为基础，这一点与其他任何方面的教育不同，它并不是依靠单纯的说教能达到的，其主要特点就是人的自觉意识和情感的教育。

音乐教育是没有任何说教的情感艺术，能够为德育教育提供良好的情感基础。我们祖先关于音乐对人的情感教育作用的认识很早就有论述。古代音乐论著《乐论》中有这样的描述："乐者圣人之乐也，而可以善民心。其感人深，其移风易俗。故先王导之以礼乐而民和睦。"从以上表述可以看出，古代的君王已经能够认识音乐在安抚民心、社会安定方面的辅助作用，认识到人的思想受到音乐潜移默化的影响。音乐作者以特殊的形式对当时社会生活和人们思想情感的反映，如作品《松花江上》描写了九一八事变后东北沦陷、老百姓流离失所、家破人亡的悲惨生活，表达了对家乡的热爱和思念之情，以及对侵略者无耻行径的愤懑。据说当时一听到这首歌曲，流亡关内的许多东北民众都会禁不住潸然泪下。还有《保卫黄河》组曲，节奏鲜明、铿锵有力，作者借黄河来歌颂我们中华民族，激发了广大中华儿女的民族自豪感和自信心，激励中华儿女以英勇的气概和大无畏的精神保卫黄河，保卫全中国。另外，像《学习雷锋好榜样》和《团结就是力量》等歌曲弘扬正能量，积极向上，对中小学生都起到了很好的德育渗透作用。

四、音乐教育与智育的相互作用

智力包括观察力、想象力、思维力、记忆力、注意力等因素，是保证人们有效进行认识活动的那些比较稳定的心理特征的综合，其中思维能力是智力的决定性因素。每个人的智力水平就是由智力因素之间互相结合所构成的，智力水平的高低能够反映人与人之间智力的差异。

智育是以传授社会实践、知识技能为目的的活动，以认知、推理、判断为主的一种理性教育过程。音乐教育是从感性出发，培养学生审美能力的教育形态，是一种感性教育。但是音乐活动同样是包括丰富的想象力、思维力、记忆力、创造力和注意力的活动。第一，音乐教育能促进人的认知能力的发展。在音乐活动过程中，参与音乐活动的每一个人都在探索，而且审美主体不用经过逻辑推理等方式，而是通过音乐形象对人生、对历史、对生活有自己的感悟。第二，音乐活动能促进想象力的发展。想象力是智力发展的重要组成部分，而音乐教育的意义就是以生动的感性的音乐形象去感染学生，充分发挥学生的想象力和创造力。在特定的条件下，想象力与知识相结合，就能创造性地把知识转化为能力。许多成功的科学家都是音乐爱好者，有的甚至还会演奏乐器。一提起科学家爱因斯坦，我们肯定会联想到高深莫测的理论和难以理解的公式，其实爱因斯坦还是一位造诣颇深的音乐家。音乐几乎伴随爱因斯坦的一生，他几乎每天都拉小提琴，而且钢琴弹得也不错，还能对作曲家及其作品给出中肯的评论。爱因斯坦认为音乐和科学之间是相辅相成、相得益彰的，它们都是从同一渴望之泉汲取营养，并且它们带给人类的慰藉也是互为补充的。居里夫人同样既喜欢音乐又有很高的音乐素养。我国著名地质学家李四光对音乐也极感兴趣，中国有史以来的第一支小提琴曲就是由他创作完成的。数学家华罗庚谙熟音律，他在琵琶弦上所找到的音色最佳点与著名琵琶演奏家刘德海经长期测定所得到的恰好相符。人在体验音乐的过程中，审美活动本身就是一种感性的大脑体验过程，会极大地调动人的身体感官的兴奋度，所以人的想象力和创造力会更为活跃。

第二章 中小学音乐教育与教学

第一节 中小学音乐教育理念

一、中小学音乐教育的价值

音乐是人类最古老最具有感染力的艺术形式之一，是人类智慧和创造力的结晶，是人类精神生活的重要组成部分，对人类的生存与发展具有重要的价值和多方面的贡献。音乐课程的价值主要体现在以下几个方面。

（一）审美体验价值

音乐审美是一种从审美感知开始，到审美体验，最后达到审美启悟的特殊的精神活动。音乐教育的价值是在音乐表演和音乐审美活动中，让学生充分体验音乐的优美声音和丰富的情感，感受音乐表达的理想境界，强烈的情感共鸣，使音乐艺术净化心灵、陶冶情操、提高智慧，有效发挥教育的作用和功能。帮助学生发展健康、高尚的审美情趣和积极的生活态度，为他们终身热爱音乐、热爱艺术、热爱生活打下良好的基础。

（二）创造性发展价值

创造是艺术乃至整个社会和历史发展的根本动力，离开了创造性，艺术便失去了存在的价值和意义。音乐是人类用于表达、探讨精神世界的一种手段和工具，是人的精神世界的产物。在音乐教育中，音乐只是手段，教育才是最终目的。生动活泼的音乐欣赏、表现和创造活动，能够激活学生的表现欲望和创造思维，激发他们主动参与，充分展示他们的想象力和创造力。

（三）社会交往价值

音乐体现了人与人之间的交流，学生通过音乐，交流生活体验，交流世界观和价值观，在个体与周围环境的接触中逐渐实现其社会交往价值。音乐学习中齐唱、齐奏、合唱、合奏、重唱、重奏以及相互配合的群体音乐活动，需要学生默契合作才能完成，在不断交流的过程中，学生逐渐学会了理解和沟通，有助于培养他们共同参与的群体意识和相互尊重的合作精神。

（四）文化传承价值

音乐的传承具有社会功能的作用。音乐是一种具有文化品位的精神文化，是人类文化传承的重要载体和智慧结晶。通过音乐作品的学习，学生能更好地深入理解和领悟不同国度、民族的音乐和习俗文化，有助于爱国精神和民族凝聚力的提高和培养。同时学生通过对世界上其他国家和民族的音乐文化的学习，审美视野将大大拓宽，从而增进对不同文化的理解、尊重和热爱。

（五）开拓学生的创造力

人类整个社会历史的发展离不开创造，创造是艺术的生命，是艺术教育功能和价值的根本体现。音乐对培养学生的创造力有着不可缺少的作用，音乐教育是培养学生创造能力的重要渠道。在教学中，教师要善于运用各种教学方法和教学手段，努力创设愉快生动的教学情境，激发学生的音乐想象力和创造力，引导学生进行有意识的音乐创作，从而达到提高他们音乐创造力的目的。

二、中小学音乐教育的基本理念

（一）以音乐审美为核心

音乐是一种情感的艺术，能够给人们带来美的享受以及心灵上的震撼。音乐教育能够陶冶情操，在潜移默化中影响学生品格的形成。在音乐教学中贯彻以音乐审美为核心的基本理念，把音乐基础知识和基本技能的学习有机渗透到音乐艺术的审美体验之中，达到丰富学生情感体验，提高其音乐表现力和创造力，陶冶学生高尚情操的目的。

（二）以兴趣爱好为动力

兴趣是学习音乐的基本动力。之所以说学习音乐兴趣是最重要的，是因为兴趣是最好的老师，如果学生对音乐课不感兴趣，那么教师把课讲得再生动精彩都没有任何意义。音乐课应该充分发挥音乐独特的艺术魅力，结合学生的身心特点，在不同的教学阶段采用不同的教学内容和教学方法，重视实践教学，在培养和激发他们学习兴趣的同时，注重教学内容与实践生活经验的结合，加强音乐课与社会生活的进一步联系。

（三）面向全体学生

在音乐教学中至关重要的一点就是达成音乐教育要面向全体学生的共识。中小学音乐教育要面向全体学生，为他们提供足够的学习音乐的时间、空间和条件，使每个学生的音乐潜能都能够得到开发并从中受益。音乐教学活动的开展应以学生为主体，既要满足基础好的学生的学习要求，又要兼顾音乐基础较弱的学生的客观需求，逐步缩小他们之间的差距，以灵活多样的教学形式为学生音乐才能的发展提供广阔的空间。

（四）注重个性发展

在音乐教学中，要把面向全体学生与注重个性发展、因材施教有机结合起来，尊重和鼓励学生的个性发展，为学生参与体验，主动探究创造有利条件，帮助他们认识自己的独特性，形成具有个性的审美情趣。由于学生在先天条件、家庭环境、生活经历等方面存在差异，表现在音乐方面肯定会存在差异。在教学中，教师要对学生做到充分尊重、理解和信任，要善于利用亲切的微笑、细微的动作和热情的赞美来缩短师生之间心灵上的距离，要善于发现学生思维的闪光点，鼓励学生勤于思考以及发表不同的意见，营造和谐愉快的教学氛围，激发学生学习音乐的主动性和积极性。

（五）重视音乐实践

音乐课是一门实践性和操作性很强的学科，歌唱、演奏、创作等都离不开实践活动和集体的操作，所以说音乐课的教学过程就是音乐艺术的实践过程。在音乐教学中，除了教会学生对音乐知识的掌握及欣赏外，还应该重视学生的音乐实践活动，鼓励学生发挥想象力，积极引导学生参加各项课外音乐活动，在实践中进行音乐创作。

（六）鼓励音乐创造

中小学阶段，进行音乐创造的目的在于通过音乐学习拓展学生的形象思维，挖掘学生的创造性潜质。对音乐创造活动的评价应主要着眼于创造性活动的过程，教师应多开展生动有趣的创造性活动，拓展学生的想象力，积极培养学生的创造意识和能力。

（七）提倡学科综合

音乐教学是提倡学科综合的教学，包括音乐教学与不同领域之间的综合；音乐与舞蹈、美术、影视、戏剧等姊妹艺术的综合；音乐与艺术之外的其他学科的综合。在实施中，应以音乐为教学主线进行综合，通过具体的音乐材料构建起与其他艺术门类及其他学科的联系。

（八）弘扬民族音乐

民族音乐文化是我们的宝贵财富，中国民族音乐具有独特的美感和气韵，在音乐教学中，应将我国各民族优秀的传统音乐作为音乐课重要的教学内容。培养学生对民族音乐的兴趣和热爱。弘扬民族精神、传承民族文化，培养学生树立只有民族的才是世界的民族意识和爱国情怀。

（九）完善评价机制

在体现素质教育目标的前提下，应该以音乐课程价值和基本目标的实现为评价的出发点建立综合评价机制。课程评价必须把握一个原则：有利于学生个性发展，有利于课程健康运行。评价应包括学生、教师和课程管理三个层次，可采用自评、互评和他评等多种形式。评价指标不仅要涵盖音乐的不同教学领域，更应关注学生在学习过程中对音乐的兴趣、爱好、情感反应、参与态度和程度以及教师引导学生进入音乐的过程与方法的有效性等诸多方面。应善于在动态的教学过程中利用评价起到促进学生发展、提高教师教学水平和完善教学管理的作用。

第二节　中小学音乐教学的基本功能

音乐教学过程是许多因素综合作用于教学活动的运行过程，它不是脱离教学活动而孤立存在的。中小学音乐教学基本功能主要表现在以下几个方面。

一、教学理念的体现、教学目标的实现和教学质量的形成

（一）音乐教学过程是教学理念的体现过程

教学理念转化为教学过程中的具体教学行为，主要依赖于音乐教师对教学理念的理解以及丰富的创造力。在每一次导入新课、学唱新歌、欣赏新作品的过程中，教师都应该创设各种生动活泼的教学形式，充分激发学生学习音乐的兴趣，创编各种适合全体同学参与的音乐实践活动和综合艺术表演活动，开发每个学生的音乐潜能，使他们的音乐鉴赏力、表现力和创造力得到全面提升。教学过程中的每项教学活动，闪现的不仅是教学理念的灵魂，更是音乐教师教育智慧的火花。

（二）音乐教学过程是教学目标的达成过程

教学目标是指师生通过教学活动预期达到的结果或标准，主要描述学生通过学习后预期产生的行为变化，教学目标是音乐教学的核心。教学目标的实现依赖于教学过程中的具体教学行为，教学活动追求什么目的、要达到什么结果都会受到教学目标的指导和制约，教学目标对音乐教师的教学活动有导向、规划、调控作用。正确、合理、适度的教学目标会引导教师有目的地教学，从而产生良好的效果，否则就会导致无效的教学。

在音乐教学过程中，音乐课程标准强调音乐教师应重视教学目标的确定，并紧紧围绕教学目标来展开音乐教学活动。教学形式的选择应服从教学目标，无论采用何种教学方法与手段，都应具有明确的针对性和目的性。音乐教学目标的设计应重视情感、态度与价值观的正确导向，注意过程与方法的教学体现，同时应明确知识与技能的目标达成。音乐教师为落实教学目标所开展的教学活动应贯穿于整个教学过程。

（三）音乐教学过程是教学质量的形成过程

音乐教学通常以是否实现教学目标来衡量教学任务是否完成，以教学任务完成的效果好坏来评价教师的教学水平高低，以学生的学习效果好坏来评估音乐课的质量高低。因此，实现音乐课程教学目标的过程同时也是教学质量形成的过程。

音乐课程标准中的教学目标由三个层次构成，即音乐课程的总目标、学段目标以及各教学领域内容的教学标准。第一层次为总目标，定位的是

音乐课程的教学方向；第二层次为学段目标，针对的是不同年级的学习内容和标准；第三层次为教学标准，针对的是不同领域中各知识点学习内容的标准。三层目标定位科学，环环相扣，从而构成了音乐课程质量的标准体系，为音乐教师制定可行的教学目标提供了依据。

二、感知音乐、共享音乐，开展实践活动

（一）音乐教学过程是感知体验音乐的过程

音乐是音响的艺术、情感的艺术，完整聆听音乐作品是感知、体验音乐的基本途径，演唱、演奏、编创则是表达音乐的基本技能。音乐教师在教学中要积极引导学生参与聆听、演唱、演奏、编创以及综合性艺术表演等实践活动，多聆听，多歌唱，多演奏，多唱谱，不断积累音乐实践经验。

在教学过程中，学生通过学习音乐知识和技能学会理解和表达音乐，同时也获得对音乐的感知体验。学生在学习运用演唱技能表现歌曲的过程中，获得对歌曲内涵的理解和情感体验；在学习运用优美协调的肢体语言表现音乐的过程中，获得对音乐节奏感与韵律感的感知体验。学生多掌握一种音乐技能，就多获得一种表达音乐的能力，也就多收获一份对音乐的感知体验。音乐教师在教学中引导学生开展各种音乐实践活动，让学生在亲身参与的过程中获得对音乐的感知体验。

（二）音乐教学过程是共享音乐快乐的过程

重视音乐实践活动这一理念的提出，从根本上改变了学习音乐的方式，轻松活泼的课堂气氛和师生互动的学习方式使音乐教学过程成为师生共享音乐快乐的过程，学生对音乐的理解完全建立在对音乐体验的基础之上。

学生是教学活动的主体，教师作为教学的组织者和指导者，积极引导学生参与各种演唱、演奏和综合性艺术表演活动，使学生在集体活动中释放情绪，抒发情感，张扬个性，获得精神的愉悦。教师与学生在音乐活动中共同探究、发现和领略音乐的艺术魅力，来共享音乐的快乐。

（三）音乐教学过程是开展实践活动的过程

音乐教学中应该积极组织学生参与各项音乐活动，通过音乐实践活动的开展，加深学生对音乐基础知识的掌握，获得音乐审美的体验。在教学

过程中，音乐教师可以针对不同年级、不同课题、不同课型分别开展不同形式的教学实践活动。例如，在进行小学一、二年级低学段音乐欣赏教学时，可以用自己的声音或打击乐器进行模仿，并根据内容做出相应的体态动作；教师在教唱歌曲时，可以开展律动集体舞、音乐游戏、歌舞表演等综合性艺术实践活动。初中年级学生在欣赏音乐时，教师要引导学生哼唱音乐主题，并能运用适当的形式对所听音乐做出反应。在综合艺术表演活动中，教师可以要求学生结合所学的歌曲、乐曲编创简单的形体动作，学习表演简单的歌剧、音乐剧、京剧或其他戏曲、曲艺片段等。这些丰富多彩的教学实践活动既能激发学生的学习兴趣，活跃课堂气氛，又能促使整个教学过程充满活力。

三、音乐"双基"教学和文化视野的拓展

（一）音乐教学过程是音乐基础知识的学习过程

音乐基础知识作为构成音乐作品的基本要素，在音乐教学中有着非常重要的地位，它是作品主题和刻画音乐形象的基础，对学生鉴赏音乐能力的提高具有重要意义。中小学生需要学习并掌握音乐的基本要素（如力度、速度、音色、节奏、节拍旋律、调式、和声等）、常见结构、体裁、风格流派和演唱演奏、识谱、编创等基础知识。

中小学生学习音乐基础知识应该结合歌曲或音乐欣赏等有计划有目的地进行，不能脱离音乐作品和音乐实践活动而独立存在。因此，教师在备课时要具备从教材中发现和挖掘音乐基础知识的能力，设计生动有趣的教学方法，将其巧妙地融汇在音乐教学的实践过程中，使学生掌握和运用音乐基础知识。

（二）音乐教学过程是音乐基本技能的学习过程

音乐基本技能主要指具备演唱、演奏、创作的初步技能，能够自信、自然、有表情地演唱歌曲和演奏课堂乐器。在音乐听觉感知基础上识读乐谱，在音乐实践活动中运用乐谱，这是与音乐基础知识具有同等重要地位的学习内容。

如果说音乐基础知识的学习能够丰富学生的内在音乐素养，那么音乐基本技能的学习则能提高学生外化音乐的能力。音乐是音响的艺术，需要

表演者的二度创作，演唱演奏的水平决定了音乐的感染力。学生只有具备了一定的音乐基本技能，才能自信地参与各种音乐实践活动，更好地表达对音乐的热爱和理解。教师教授学生学习音乐技能的过程也是音乐课最富有音乐气氛的过程。

（三）音乐教学过程是拓展学生文化视野的过程

在音乐教学中，教师要结合音乐教材让学生了解中外音乐发展的简要历史和有代表性的音乐家，初步识别不同时代、不同民族的音乐。认识音乐与姊妹艺术的联系，感知不同艺术门类的主要表现手段和艺术形式特征，了解音乐与艺术之外其他学科的联系，开阔音乐文化视野。结合自己的生活经验和已学过的知识，认识音乐的社会功能，理解音乐与社会生活的关系。学生坐在教室里就可以了解海南的椰林、非洲的鼓乐、意大利的贡多拉……学生乘着音乐的翅膀邀游全球，认识世界各民族音乐文化的多样性，了解世界各民族文化的风格和特征，音乐课堂把学生的视野扩展到了世界各地。

第三节　中小学音乐教学的原则

教学原则是长期教学经验的总结，是教学工作中必须遵循的基本要求，也是指导教师从事教学工作的基本法则。

一、因材施教原则

现代音乐心理学研究表明，学生在中小学各阶段音乐能力和素质存在着明显的差异，各种音乐能力如听辨力、鉴赏力、记忆力等更是因人而异。各地区、各学校、各班级的音乐学习基础也有所差别。因此，在音乐教学中，按照教育部指定的《音乐课程标准》，面向全体学生的同时，还要考虑不同学生的实际音乐水平和接受能力，既要满足那些基础较好或有音乐特长的学生学习愿望，使他们的音乐才能进一步得到发展，又要兼顾音乐基础差的学生能迎头赶上，缩小差距。这种从学生的实际出发，有的放矢的教学方法，是音乐教学必须遵循的原则。

因材施教的原则需要注意以下几个方面：

第一，教师要进行广泛深入的调查研究，了解学生现有的音乐知识、技能水平、接受能力、爱好、兴趣等一般情况，还应该了解基础较好与较差学生的情况，以便做到胸中有数，为教学活动的开展做充分的课前准备。

第二，课堂教学要面向全体，从大多数学生的实际水平和能力出发，兼顾个体。对基础较好的学生可提高要求，对基础较差的学生要尽可能给予关心，耐心地辅导和鼓励，缩小彼此之间的差距。

第三，充分利用课外音乐活动，使有音乐特长的学生得到进一步培养和提高。同时，多关注音乐能力较差的学生，查漏补缺，使全体学生的音乐素养及能力不同程度地得以提高。

二、寓教于乐原则

寓教于乐原则的体现与德育的总体目标是一致的。但是音乐教育寓教于乐原则的贯彻则有着自身特殊的手段与途径，它不是依靠理论的灌输和说教，而是通过鲜明生动的音乐艺术形象的感染，寓德育于审美教育，寓思想教育于音乐艺术教育；它的教育效果不应是急功近利、立竿见影的，而是潜移默化、润物细无声的。

寓教于乐原则主要运用于以下几个方面：

①音乐教材内容的选择要坚持思想性和艺术性的高度统一。在教学或课外音乐活动中，要把积极健康的思想内容和优秀的艺术形式统一起来，充分利用教材和教学资源，渗透思想品德教育。

②利用音乐教育以情感人的特点，充分挖掘和分析音乐作品的思想主题，学生通过对作品的赏析与聆听，去感受美、理解美、体验美和创造美。

③通过民族民间音乐的学习，让学生了解中华民族的悠久历史和灿烂文化，培养学生热爱祖国，热爱家乡，传承民族音乐文化，增强爱国情操，凝聚民族力量。

④充分抓住音乐学习过程中合唱、合奏集体活动的重要时机，培养和提高学生的互助合作、顾全大局、团结友爱、彼此尊重、遵守纪律等良好品质。

⑤音乐教师高度的政治思想觉悟、良好的道德品质及较高的艺术修养，在教学过程中潜移默化地影响和熏陶着学生。

三、教师主导与学生主体性结合的原则

音乐教学倡导教师的主导和学生的主体性相结合，要求音乐教学既要发挥教师的主导作用又要调动学生的主体性，将二者有机地结合。教师的主导作用是指教师对音乐教育方向的把握作用，对教育内容、方法的设计和选择作用，对学生的启发、引导和指导作用；向学生认真讲授音乐知识，保证知识的科学性、思想性、系统性作用以及以身作则的示范作用等。学生的积极性、主动性是指在音乐教学中学生要有主动、积极地进行学习的态度，而不是消极被动地学；在学习活动中充分发挥自己的主动性、创造性，以积极进取的精神进行学习。在音乐教育中，教师首先要使学生明确学习目的，并采用各种方式激发学生的学习兴趣和责任感，培养严肃认真的学习态度以及学习习惯，启发学生积极思维，引导学生学会独立思考，培养学生独立学习的能力。教师在教学上，要深入研究教材，深入了解学生的情况，并且在这个基础上认真备课，使自己的教学富于启发性，循循善诱、生动活泼。教师主导与学生主动相结合的原则要注意以下几点：

①在音乐教学中，要注意"精讲多练"，传授音乐理论知识必须注重理论与实践相结合。例如，在讲述乐理知识时，必须与相应的音响相结合。如唱歌、演奏等实践能力，不能搞纯理论性的抽象讲述。

②生动活泼的音乐实践活动不仅对学生有熏陶感染作用，而且可以激发他们学习音乐的积极性。当代世界有影响的音乐教学无不注重音乐实践的教育价值。因此，因地制宜地为学生创造一个生动活泼的、富有音乐气氛的实践环境，是提高学习效率的重要措施。

③根据中小学生的身心特点，音乐教学的实践活动要形式灵活且多样，以充分激发学生的学习兴趣，使他们能够在愉快的心理状态中，积极、自觉地从事实践练习。要避免那种单调、呆板、机械性的技术训练。

四、情感体验原则

音乐作为现实生活的一种艺术反映，它所抒发的感情不是纯生理性的

喜怒哀乐，而是和时代、社会、阶级有着千丝万缕联系的意识形态。因此，一方面音乐语言有着人类的通性，它是"没有国界的艺术语言"；另一方面音乐所抒发的情感又总是和思想倾向紧密交织在一起的。音乐作品思想感情的特质是构成内容和形式的核心，音乐教师感情的品质影响着教学的效果。因此，音乐教学中教材和教师的情感状态和品格是贯彻和体现情感性原则的基础。健康饱满的情感、高尚纯洁的情操是优化音乐教育的必备条件。

音乐教学作为审美教育的主要内容，它的特殊功能就在于感情的影响、启迪和陶冶，实现音乐审美教育的主要途径无疑需要通过流动的音乐音响唤起学生情感的共鸣。所以，艺术教育的魅力实际上是情绪上的感染力。音乐教学如果不能动之以情，那么审美教育的任务便无法完成，这是将情感体验确定为音乐教学原则的主要依据。音乐教学中情感体验原则的贯彻要注意以下两个方面：

一是应注意选择那些情感高尚、健康的声乐、器乐作品作为教材。根据中小学生生理、心理成长的需要，应以热情、活泼、欢快、雄壮、豪迈为情感基调的作品为主。反映男女爱情内容的作品一般应回避。至于那些情绪萎靡、消沉的音调，不应选为教材。

二是音乐教师是传递音乐作品情感的中介，因此应以满腔的热情投入教学工作，千方百计地发掘音乐教材的情感力量，诸如富有情感的范唱、范奏，对歌词有表情地朗读，在歌（乐）曲表演过程中恰如其分地处理感情等。此外，教师在教学活动中，也需要注意与学生的情感交流，以自己对作品的准确理解和感受去影响和感染学生。

第三章　中小学音乐教学内容及课型

音乐教育改革一直是社会关注的重点问题。经过多年的改革实践，我们的音乐教育取得了丰硕的成果，在改进传统音乐教学的同时，学习借鉴了国外一些先进的教育思想和教育方法。如增加了声乐、器乐、律动、欣赏和表演等内容，注重学生能力的全面发展，提高学生的音乐素养。在教育思想上以音乐为本，以学生为主体，改变了过去音乐教学片面追求技巧的做法，着重强调学生对音乐的体验，确定了音乐审美的最终目的和培养学生综合素质的目标。强调了以音乐为本，以学生为主体，转变了过去音乐教学片面地追求技巧的做法，突出了学生对音乐的体验，确定了以音乐审美为最终目的，以培养学生的综合素质为目标。这种转变使我们的音乐教育更接近音乐的本质，也能更适应时代发展的需要。

第一节　中小学唱歌综合教学

唱歌教学是中小学音乐教学的基本内容，也是学生最易于接受和乐于参与的表现形式。

一、唱歌教学的目的与教学内容

（一）唱歌教学的目的

唱歌教学是音乐教育的主要内容之一，对其他教学内容有促进作用。歌曲形式短小，音乐形象鲜明，内容贴近生活，容易传唱，是儿童最喜爱的音乐形式之一。从婴儿时期妈妈哼唱的摇篮曲，到牙牙学语时不成调的歌，人从一出生就有歌曲的陪伴。

1.唱歌教学不是声乐专业教育，而应是音乐素质教育

在改变了传统唱歌教学的模式之后，我们很容易进入专业教育的误

区，从而过分强调声乐的技巧，把普通的音乐教学变成了专业的声乐训练。我们的音乐教育应该是普通音乐教育，而不是专业音乐教育。所以，立足点应定位在提高学生的音乐素质上。如同麻雀虽小、五脏俱全，歌曲虽然短小，但其中包含着全部的音乐要素。用正确的方法演唱歌曲只是音乐素质之一，而不能看成全部。鹦鹉学舌式的方法固然不可取，但要把学生训练成专业的"小夜莺"也不现实，真正的唱歌教学应该以唱歌为手段，以全方位提高学生的音乐素质为目的。在唱歌教学中既要学生掌握正确的演唱技巧，又要重视培养学生的音乐感和音乐思维能力。

2.通过唱歌教学提高学生的音乐兴趣

我们应该充分认识唱歌教学对提高学生音乐兴趣的作用。歌曲之所以能够提高学生学习音乐的兴趣，首先是因为歌曲唱起来相对比较容易，学生一般都能哼唱几句。这种不需要经过太多的努力就能完成的事，最容易激起学生的兴趣。如果过多地要求声音的专业技巧，当学生达不到声乐的要求时，他们的兴趣就会减弱。这就是不能把训练唱歌技术作为唱歌教学主要内容的原因之一。其次歌曲有歌词的文字形象，比没有歌词的纯音乐形象更容易被学生接受。有时学生喜爱一首歌并不是从音乐的角度去认识，而是歌词的形象感染了他。这也是许多流行歌曲得以流传的原因之一。

3.通过唱歌教学对学生进行思想品德教育

歌曲的德育渗透作用十分突出，它的教育作用要比器乐曲直接得多，特别是振奋、有力的歌曲对人的教育作用更大。冼星海说："歌曲对于革命，犹如盐对于人类，有同样重要的作用。盐能增加人类的体力，歌曲能增加革命的力量。"许多教育家都十分重视和提倡唱歌的教育。

歌曲是对学生进行思想道德教育和爱国主义教育最有效的形式之一。如歌曲《一分钱》通过活泼的旋律、轻快的节奏，既培养了学生拾金不昧的良好道德品质，又使学生得到愉快的享受。音乐健康向上，寓教育于歌曲之中。歌曲要有时代性，反映新时代的精神面貌和道德观，唱歌教学的选材不能固守传统的观点，而应有时代感。但不管教材内容如何变，歌曲的道德情感作用是不会变的。

（二）唱歌教学的内容

1.基础音乐知识

唱歌教学不但要会唱歌，更重要的是通过对歌曲的学习与演唱，引导学生体验由于音乐要素的不同变化与发展，带来的音乐情绪的变化，提高学生的演唱能力和表现能力，在深入挖掘音乐作品中的音乐内涵的学习过程中体验、实践、获得音乐知识和音乐能力。所以唱歌教学的目标定位不仅仅是单纯地学唱音乐作品，而是在学习过程中全面提升学生的音乐素养。学习并掌握音乐基本要素（如力度、速度、音色、节奏、节拍、旋律、调式、和声等）、曲式、体裁、识谱等音乐基础知识。

2.基本演唱技能

唱歌教学是中小学音乐教学的基本内容，也是学生乐于接受和参与的表现手段之一。虽然普通的音乐教育是公民教育不是专业教育，但基本的演唱技巧的学习是唱好歌曲的法宝。

基本演唱要求如下：

正确的演唱姿势：面带微笑，下巴微收，眼睛平视稍高的位置。站姿需自然直立，两脚如肩宽，呈"丁"字型分开站立，支撑点可放在前脚或后脚上，以便歌唱时保持重心；坐姿约坐三分之一的凳面面积，腰部挺直，背不要靠在椅子上，脚掌着地。口腔要自然打开，运用"半打哈欠"的方法，体会打开喉咙的状态，使学生真正获得自然、流畅、优美的声音。

正确的呼吸方法：吸气要柔和、平稳，胸部自然地扩张，需要口鼻同时吸，快速并且深至腰腹部，没有杂音，有吻花香的感觉；呼气也要缓慢、有节制、均匀。

二、如何才能唱好一首歌

（一）教师范唱的作用

在音乐教学中，教师是传递歌曲信息的第一使者。声情并茂的专业范唱能够感染学生，引起情感上的共鸣，产生潜移默化的作用，为唱好、唱准歌曲奠定基础。范唱是音乐教师应该具备的专业基本功，范唱前应该对作品的相关背景、思想感情、音乐要素等方面进行研究和揣摩，把握了歌曲的情感，歌唱才能以情动人。很多学生是通过对教师歌唱声音的模仿来学习唱歌的，如果教师范唱的效果欠佳，学生很可能会失去学习歌唱的兴趣。

（二）歌曲情感的体验

歌唱是情感表达的高级形式，在教学过程中教师要始终重视情感的传递，使学生的歌唱是真正发自心底的情感表达。歌词是决定歌曲情感的重要因素之一，它是作者观察生活、表现生活的艺术结晶，集中反映了作者的生活态度和情感。细细品读歌词，理解歌词的含义，认真体会歌曲的情感对于唱好一首歌来说是非常重要的。如舒伯特的《摇篮曲》，学唱歌曲时可让学生轻声朗读歌词，体会小宝宝在摇篮里甜甜入睡的意境，引导学生用轻柔、优美的声音演唱歌曲，感受母亲哄孩子入睡时的温馨场景。

在教唱歌曲时，教师还应当注意对歌词的讲解，对歌曲的创作背景加以介绍，深入挖掘歌曲情感因素，使学生从心灵深处理解歌词，从而唱出歌曲的情感。如在指导学生演唱聂耳的《卖报歌》时，可以用故事的形式告诉学生：音乐家聂耳当年在上海认识了一个叫"小毛头"的报童，了解到他的生活十分艰难后，写下了这首《卖报歌》。让学生了解报童生活的艰难，进而产生同情，为接下来歌唱做好情感的铺垫。

（三）关注歌曲的音乐要素

歌曲的旋律是音乐形象的灵魂，教师在教学中要引导学生把握歌曲旋律中的音乐要素。旋律进行中，往往会有节奏上的松和紧、速度上的快和慢、力度上的强和弱的对比，教学时教师如能充分挖掘歌曲中这些音乐要素，并引导学生表现出来，那么歌曲的艺术形象也就更鲜明突出，学生唱起来就会陶醉其中，更富有韵味。如《小鸟，小鸟》，这是一首二段体结构的歌曲，两个乐段中节奏和旋律对比的因素较多。在节奏上，第一乐段运用了较多八分休止符，紧凑而欢快，表现小鸟在树林、在田野、在草地、在湖边时而跳跃、时而飞翔的美好情景；第二乐段节奏舒展富于动感，表现小鸟在天空自由飞翔的快乐情景。第一乐段旋律欢快跳跃，在中低音区以"级进"为主；第二乐段旋律活泼流畅，一开始出现了六度的大跳，情绪上扬，是歌曲的高潮部分。在指导学生演唱第一乐段时，用欢快活泼的情绪来唱，声音轻巧、跳跃，注意唱好休止符，力度稍弱，表现小鸟在树林、在田野轻快跳跃的形象。第二乐段则用流畅圆润、富于激情的声音表现小鸟自由自在地飞翔，力度稍强，与第一乐段形成鲜明的对比。

（四）把握歌曲的演唱风格

教师在教学中要了解不同地域、不同民族的歌曲风格特点，并引导学生加以表现。我国地域辽阔，民歌的种类和特点极其丰富，它们随着地区性而逐渐出现差异，地区相隔越远，民歌的风格音调差距越大。江南小曲表现出来的是柔美、婉转的江南风格，黄土高原的民歌高亢激越、荡气回肠。少数民族的民歌特点更为突出，藏族民歌曲调悠扬，风格纯朴自然，在演唱时声音基本不加修饰；新疆民歌节奏动感十足，情绪欢快热烈，在演唱时声音要明亮轻巧；西南各民族的民歌旋律清新优美，演唱时声音自然、大方。教师在教唱的过程中应抓住不同歌曲的风格，准确地表现出其特点和风格。

（五）做到咬字吐字准确

歌曲的演唱，要求字正腔圆，即唱腔要随字的变换而变化，以准确、清晰的咬字引导唱腔运行，行腔和咬字要求"腔随字走、字领腔行"。咬字力度的强弱要视歌曲的内容、风格和情感表达的需要而定。演唱情感细腻柔和、节奏舒缓委婉的歌曲时，字头发音部位的弹性和力度要稍弱一些。演唱情感激烈豪放、节奏较快、雄壮的歌曲时，字头发音部位的弹性要相应加强。在表现欢快歌曲时，要把拼音规律融入其中，如声母和韵母两个独立的结构单位互相拼合，在这样咬字吐字的基础上，才能把密集节奏中的字和旋律唱清楚。不管咬字力度强弱怎样变化，要坚持字字咬准，把每个字的各个音素都交代清楚，才能使人听清歌词，达到字正腔圆的目的，有利于歌唱声音的连贯和感情的充分表达，从而提高歌曲的完整性和艺术性。

三、钢琴即兴伴奏在唱歌教学中的作用

钢琴即兴伴奏是在歌曲旋律的基础上即兴弹奏出与之相适应的包括和声与肢体的伴奏声部。钢琴即兴伴奏要与歌舞旋律、歌词紧密相连，或烘托气氛，或渲染情绪，或揭示内容。如果把优美的歌声比作鲜花的话，那恰如其分的伴奏就好比是绿色的叶片，二者相互映衬，形成一个完美的艺术整体。由于钢琴伴奏具有音域宽广、音色丰富、音响效果强烈等特点，能够增强歌曲的旋律性和节奏感，突出歌曲的感染力和艺术魅力，因此，好的钢琴伴奏与歌声能够产生珠联璧合的完美艺术效果。钢琴即兴伴奏是艺术创作的过程，能够事半功倍地启发学生的音乐想象力，引导学生领会

和理解音乐的深刻内容，进一步提高学生的音乐修养，陶冶学生的艺术情操，对学生产生新鲜感和吸引力，激发调动其演唱的情绪。另外，钢琴伴奏的旋律、节奏、和声、织体等都会对学生的听觉感受能力、听觉记忆能力、歌唱控制能力、表演能力、欣赏能力等方面产生积极的作用。

在唱歌教学中，要注意钢琴伴奏的恰当使用。伴奏的选择应该结合教学目的、教学过程的具体环节及学生掌握歌曲的程度来确定。在歌曲新授阶段，教师应使用单旋律的简易伴奏予以辅助；在学生初步学会歌曲阶段，伴奏音型及和声织体需要在此基础上有所提高；当学生已经唱会了歌曲，演唱中更重要的是通过艺术手段表达自己的情感时，教师应选择最富于艺术表现力的伴奏为学生伴奏，进一步烘托演唱的效果。

四、课堂合唱教学的开展

合唱教学是音乐教学中的一大难点，合唱能力的培养是一个系统工程。在合唱教学中，教师要适当把握训练的难度，由浅入深、由易到难，逐步开展。运用学生乐意接受的音乐游戏形式，先从一两个和弦音的训练开始，再进行小节、乐句的二声部合唱训练。循序渐进逐步形成合唱氛围。合唱教学进行到中高级阶段，合唱技能已经自然而然形成，这样的训练才能培养学生的声部意识及音乐合作能力、音乐听觉能力、音乐反应能力、声音控制能力等合唱教学的效果自然水到渠成。

（一）合理运用和拓展教材，循序渐进开展合唱训练

童声期的学生处于最佳合唱前期训练的年龄，这一时期的学生音乐听觉敏锐，模仿能力强，音色具有很大的可塑性。进行多声部听唱感知与和声听觉的训练，对于学生今后的音乐实践是很有价值的。从教材内容的编写来看，合唱从简单的轮唱入手，并借助柯尔文手势稳定音高，然后以多声部节奏或填充式合唱过渡。例如，歌曲《母鸡叫咯咯》演唱时可加入小鸡或母鸡的有节奏的叫声；歌曲《小雨沙沙》加入"沙沙"的雨声；歌曲《两只老虎》等曲式比较规整的歌曲，则可以把它变成有趣的轮唱。歌曲《游子吟》具有较多长音且情绪柔和的歌曲，可以加入相应拍数的句尾旋律的填充式二声部；在三、四年级开始正式的合唱，五、六年级不断增大力度，这种循序渐进的渗透方式既符合孩子的心理和生理发展规律，又为合唱的正式介入打下良好的基础。

（二）善于创设教学情境，注重学生合唱兴趣的培养

情境教学法是指在教学过程中，教师根据教学内容，与学生共同创设出一种能激起学生学习兴趣的场景，这种场景能更好地把学生代入与教学内容相应的氛围中，从而帮助学生更好地理解教材，并使学生的心理机能得到发展的教学方法。情景教学具有更加人性化的特点，强调学习情境的作用，能充分激发学生的学习动机和学习兴趣，有利于培养学生的创新意识。在开展合唱教学时，可以结合歌词内容和音乐形象创设相应的教学情境，将不同的声部想象成不同的角色，从而增强歌曲的感染力，激发学生学唱歌曲的兴趣。在合唱教学中，反复枯燥的教唱只会让学生失去对音乐的兴趣，要善于发挥想象力，创设合适的情境，营造宽松愉悦的氛围，情景交融，充分激发学生的兴趣和情感，使学生在兴趣盎然中掌握合唱技巧，提升音乐素养。

合唱兴趣的培养，可以利用学生对流行歌曲的热衷和兴趣，在听歌曲的过程中启发学生展开丰富想象，分辨出不同角色的声音。通过对流行歌曲的欣赏提高他们对合唱的兴趣，训练学生的听觉能力，体会歌曲中和声的美感，从而感受合唱巨大的感染力与丰富的表现力。

（三）充分利用器乐教学，逐步提高学生的合唱能力

合唱的音准问题是合唱教学最难解决的问题之一。合唱中经常出现分声部演唱音很准，声部合起来就跑音跑调的现象。在学生学习音乐的初级阶段，从一年级开始就要关注音高与唱名的学习，以唱名为依托，依赖有固定音高的乐器来帮助学习，在不断地听琴唱名的过程中，校正学生的音高音准，让学生逐步建立起音高概念。柯达伊音乐教学体系中的柯尔文手势是学习音高、唱名的辅助手段，是学生喜爱的、直观形象的学习方式。这之后可采用柯尔文手势、跟唱音组、音列和音阶。可以利用钢琴训练学生音乐的耳朵，同时弹奏两个声部的旋律，让他们细心聆听各声部的旋律，练唱时让学生唱第一声部，教师弹奏第二声部，或让教师演唱第一声部，学生弹奏第二声部。在合唱中，为避免出现向一个声部倾斜的现象，钢琴尽可能弹奏和声，或者轻轻跟着较弱的声部。

简易乐器进课堂也有助于合唱教学的开展。乐器一般都有稳定的音高，学习合唱时，可先让学生用乐器分声部演奏旋律，接着合奏，然后要

求两个声部中一部分演奏，一部分演唱。大家互相聆听，演唱的同学尽量跟上乐器的音高，有乐器的辅助，音准问题就会迎刃而解。如果根据歌曲情绪的不同，用不同音色的乐器为不同声部伴奏，形成鲜明的对比，这样更能易于学生听辨，声部学习起来也更容易。

无论是钢琴还是简易乐器抑或是其他乐器，都只是合唱的辅助手段，最终目的都是稳定学生的音高音准。要想唱好，还是先要听好。所以"聆听"是合唱中极其重要的，既要聆听乐器的音色音准，还要聆听声部之间的和谐，多听多唱多记，坚持训练，便可逐步提高学生的合唱能力。

（四）挖掘合唱歌曲内涵，丰富学生情绪体验

匈牙利音乐教育家柯达伊指出："艺术的精髓并不是技术而是心灵。一旦心灵可以毫无障碍地自由表达，便能创造出完美的音乐效果。"在合唱教学中，教师不能过分强调声音的位置和气息，而忽略对歌曲内涵的挖掘，这样会使合唱枯燥无味，学生缺乏情感体验，难以达到理想的合唱效果。情感是音乐的灵魂，充分调动学生情感，把歌曲的情绪处理好，合唱时强弱快慢的处理就会恰到好处，学生的声音自然而然地也就美了。合唱教学中，一定要注重学生内心情感的表达，善于引导学生体验、表现歌曲的情感，在理解的基础上，充分代入歌曲之中，学生学会处理、表现歌曲的感情。在理解的基础上，把歌曲的情感转化为自己的心声，用心歌唱、用情歌唱，从美妙的和声中享受到合唱的愉悦，进一步提高学生的合唱水平。

五、变声期学生的唱歌教学

变声是每个人必经的人生阶段，是生长发育过程中表现在发声器官上的生理现象，变声期是人生的重要阶段。呈现变声这种生理现象，就意味着该少年已步入青春期，嗓音开始变得和以前不一样。在变声期里，由于学生声带发育还不成熟，承受能力还很弱，不能经受长时间的刺激。教师要重视变声期学生生理和心理方面的特点，因势利导，科学适度地培养和锻炼他们的歌唱能力。

（一）变声期生理方面的特点

进入青春期的少年，其躯体及各生理器官都开始迅速地发育成长。表

现在发声器官上就是喉头、声带的急剧变化。一般来说，男女学生变声在开始年龄、变化程度和时间长短等方面有所不同。女孩子的变声期比男孩子要略早，生理变化也比较平缓，过程也比较短；男孩子相对来说变声稍晚，变声过程比较长，生理变化也比较大，多表现为喉头增大、喉结突出，咽部及声带增长、加厚。虽然男女在发育上的表现不同，但由发育引起的变声却是相同的，在变声期一般都要经过变声初期、变声中期、变声后期三个阶段。

一是变声初期（11～13岁），这一时期生理变化不是特别明显，声带出现轻度充血，因此常会伴有声音的不持久不稳定，音质比较粗糙，唱歌会出现比较费力、容易疲劳等征兆。

二是变声中期（13～15岁），这一时期的生理变化十分显著。由于声带弥漫性充血，出现水肿、分泌物增多的症状，不能很好地闭合。因此经常出现声音难以控制、情绪激动，甚至失声等现象。

三是变声后期（15～17岁），这一时期声带的充血现象逐步消失，声带发育基本定型。男生、女生发出的声音已经接近成年人的声音，但男女生在音色方面的差别非常明显。

（二）变声期的唱歌教学问题

教师对变声期的学生进行音乐教学时要注意以下问题。

一是多向学生讲解变声期的生理卫生和嗓音保护知识，使他们能够正确理解和保护嗓音。在生活中，要教育他们作息规律，积极锻炼身体，加强营养，遇有疾病（特别是喉炎、感冒）或女孩子在月经期要及时治疗或注意休息，避免吃刺激性食物，尤其要注意正确地使用声带，不大喊大叫，避免长时间高声谈话或唱歌等。

二是在教学中，要面向实际，科学选择教材。要尽量选择结构短小、音域不宽、音量和力度适中的歌曲作为教材。做到既锻炼和培养学生唱歌能力，又保护学生的嗓音。

三是要区分情况，分别对待。变声期的学生，不能过分回避唱歌，也不能无节制地唱歌。对于变声不太显著或变声后期声带发育基本定型的学生，可以进行适度的发声练习，可以从日常讲话开始，逐步进行加大音量、扩展音域的练习。

在教唱歌曲时，连续唱歌的时间不宜过长。在教唱过程中，可以有意识地穿插音乐知识的讲授、试听练习、音乐欣赏等活动，以减轻声带的负担，进一步激发学生唱歌的积极性，使学生受到全面的艺术熏陶。同时，教会他们正确掌握发声技巧，不能一味使用蛮力，要学会自然地轻声歌唱，避免使用假声。

第二节　中小学音乐欣赏综合教学

一、音乐欣赏教学的意义

中小学阶段的音乐欣赏教学，是整个音乐学习活动的基础，是培养学生音乐审美能力的有效途径。主要通过对音乐作品的聆听、鉴赏、分析和讲解，从节奏、节拍、速度、力度、旋律、音色、曲式、调式、调性等音乐元素方面进行挖掘，培养学生的音乐感受能力、欣赏能力和表现能力。音乐欣赏是一种特殊的审美活动，是音乐教育必不可少的重要环节，音乐欣赏教学，对开阔学生视野，丰富情感，提高文化素养，增进身心健康具有重要的意义。

（一）能够激发学生欣赏音乐的兴趣

对学生进行审美教育是音乐教育的核心问题，具体到音乐欣赏教学，教师的责任是引导学生用审美的态度来欣赏音乐，并在这个过程中提高学生的音乐欣赏能力，实现预期的教育目标。欣赏音乐可以激发学生的学习兴趣并且可以转化为学习的动力。具体来说：

一是学生可以在欣赏音乐时得到感官上的愉悦，也可以获得精神上的满足和乐趣。

二是学生的情感可以和音乐的情感直接沟通，这种情感上的共鸣可以使他们的情操受到陶冶，道德情感得到升华。

（二）能够提高学生的音乐感受力

音乐欣赏离不开人的听觉。因而，音乐欣赏课既需要学生具备一定的听觉感受能力，又需要培养和发展其音乐听觉感受能力。

欣赏音乐需要学生具有一定的感受声音的高低、强弱、长短、音色等感觉能力。学生具备这种能力并不等于他们已经具备了音乐听觉感受能力，还必须能够听辨旋律、节奏、音色、调式、速度、力度、和声、织体、曲式等。培养音乐听觉感受能力，同时也是在培养音乐审美能力。这是一个由浅入深、由初级到高级的逐步发展过程。尽管这一切都属于人的感官直接感受的东西，是欣赏音乐的初级阶段，但对于音乐欣赏来说它是不能逾越的基础。

（三）可以培养学生的联想与想象力

从人的音乐审美要求上看，总不会停滞在感官愉悦的水平上。相反，人们往往会透过音乐的节奏、旋律、和声、音色、速度、力度等，去体验音乐的节奏美、旋律美、音色美、结构美，更会透过它们去领略音乐的情绪美、意境美，从而产生各种联想与想象。那种描绘性的音乐，常常会使人联想到现实生活中的情与景，并由此获得种种审美享受。如贝多芬的《第五交响曲》，有人从个人的生活经历去想象，于是悟出"要做生活的强者，就不能对命运妥协，应该扬起风帆，勇敢拼搏抗争，直到驶向理想的彼岸"这样的哲理。也有人从历史发展的客观规律去想象，从而得到这样的哲理思想——革命阶级要战胜反动阶级，必须通过艰苦卓绝的奋斗，同各种黑暗势力做斗争，最终取得胜利并通向光明的未来。这一切都说明：音乐审美带给人们的绝不在一个狭小的范畴之内。它会使人们在广阔的天地里飞腾、翱翔，从而在情感上得到陶冶，理智上得到升华。

（四）能够培养学生的音乐鉴赏力

培养学生的音乐鉴赏能力，关键是要掌握音乐中的是非标准，能够分辨真善美和假恶丑。也就是说，要使学生具备判断音乐作品的社会价值和艺术价值的能力。要做到这一点，学生就必须能够从音乐作品的题材、内容、体裁、形式、风格等各方面着手，做出自己的判断，分辨出什么是美，什么是丑，这也是衡量音乐作品社会价值和艺术价值的基础。通过对音乐的欣赏，可以深切感受音乐给心灵带来的触动和情感方面的变化，在欣赏音乐的同时，学习和积累音乐语言，不断提高音乐鉴赏力，让音乐焕发出真正的魅力。

二、不同学段的音乐欣赏教学

（一）不同年龄阶段学生的认知特点

在音乐欣赏教学过程中，教师要根据不同年龄阶段学生的心理特征、认知特点来进行欣赏教学。不同年龄段学生的表现也各不相同，采用多种教学工具和手段，充分调动学生的主动性和积极性，培养学生的音乐欣赏能力。

1～2年级，这一时期是一个充满唤醒和童心童趣的时期，应该根据其活泼好动、好奇心和模仿能力强的身心特点，采用注入图片、游戏相结合的综合手段来进行直观教学。这一阶段的欣赏教学主要是发展学生对音乐的注意力和想象力，可以选用一些趣味性比较强的作品。

3～6年级，这一阶段的学生知识面进一步扩大，体验感受与探索创造能力增强。对这一阶段学生的音乐欣赏教学不能仅仅停留在兴趣上，更应该教会他们正确的音乐审美观，引导学生对音乐的整体感受，激发他们的想象力和创造力，感受音乐带来的愉悦和审美体验。

7～9年级，这一时期的学生生理、心理日趋成熟，知识的获得途径比较多，初步形成了自己的人生观和价值观，教师对这一时期学生的音乐欣赏教学应该着重于能力的培养，通过多种形式的艺术实践活动，扩大音乐欣赏的范围，使学生向更高层次的情感欣赏和审美欣赏发展。

在具体的教学活动中，教师应该结合各年龄段的中小学生的身心特点，选择恰当的欣赏教学的教学内容和教学方法，通过音乐欣赏教学培养学生对美的感受、鉴赏和创造能力。

（二）音乐欣赏的三个阶段

美国作曲家科普兰指出：音乐鉴赏按照以下三个阶段进行，即把握音乐感觉阶段、感受音乐表现力阶段、纯理解音乐阶段。[①]第一阶段欣赏音乐不需要任何方式的思考，直接从音乐中获得一种愉悦的体验。像有些音乐会使人立即兴奋或松弛，有些会使人狂怒，有时会像微风一样轻抚我们，它们通过生动性情感体验的激发，只在短短的几秒钟内对我们起作用。这样的感受来自这些音响本身的愉悦感觉，并且单凭这种感染力就把

[①]　[美]科普兰.怎样欣赏音乐[M].北京：人民音乐出版社，1984：86.

我们带到一种无意识而又有魅力的心境中去，所获得的情感体验是一种直接的体验，无须经过一个理解与认识的过程。第二阶段就是懂得音乐的各种要素和它们的变化，以及它们所表现的内容。我们以观看戏剧演出打比方，对于舞台上表演的内容能够看懂，看到可笑的地方就笑，看到悲伤的地方就落泪，懂得剧情变化。第三阶段不但理解音乐的构成，而且能够理解作曲者的意图等，还以观看戏剧表演打比方，不但理解舞台上表演的剧情，而且懂得作者通过该剧所要表达的意图。

音乐欣赏的这三个阶段并不是孤立存在的，有教师可能会认为低年级阶段会以第一阶段为主，但实际上在欣赏过程中的这三个阶段往往是交织在一起的。例如，低年级学生在欣赏《在钟表店里》时，除了感受生活中的钟表声之外，还能随音乐做出相应的情绪或体态反应；并能说出音乐情绪的相同与不同，知道这是一首由德国作曲家奥尔特谱写的小型器乐曲。中年级学生欣赏约翰·施特劳斯的《雷鸣电闪波尔卡》，初听乐曲，学生就能感受到乐曲本身带来的震撼，再通过进一步的听赏，逐步了解音乐作品本身的特点。如力度、速度、节奏、旋律等，然后再了解波尔卡、约翰·施特劳斯以及维也纳新年音乐会等。

中小学音乐欣赏教学应该根据这三个不同阶段，选择适当的音乐曲目和使用恰当的教学方法，从而达到有效的欣赏教学效果。

三、音乐欣赏教学的方法

（一）创设情境、趣味化欣赏教学

教学成败的关键是能否激发起学生的学习能动性。音乐是情感的艺术，在音乐欣赏教学过程中，教师要创设生动有趣的情景，最大限度地激发学生的兴趣和情感，让学生热情地投入音乐之中，与音乐中的感情相互交融，产生强烈的共鸣。在音乐欣赏课中，教师不能一味注重知识的传授，而是应用生动的形式将所学的知识、内容生动有趣地表现出来，营造轻松的氛围，引发学生的好奇心和兴趣。兴趣并不是天生的，它是环境的影响和教育的结果，学生只有产生兴趣，才会全身心投入其中，展开大胆的联想和想象，从而培养学生正确的聆听习惯和良好的欣赏习惯。可以在音乐教室里悬挂一些中外音乐家的画像，并搜集关于音乐家的一些故事，讲述给学生听，这样会让学生对音乐家产生一种亲近感，无形之中拉近和

音乐的距离，在欣赏到音乐家的音乐作品时，就会产生进一步了解的兴趣；在欣赏课上，不能一味说教，要营造一种愉快轻松的氛围，可以在课堂开始之前先播放一段舒缓的音乐，让学生踏进教室就能心情放松。

由于学生的生活阅历比较少，人生经验、情感经历和音乐素养都有待进一步丰富加强，在音乐欣赏的过程中，不能深刻理解音乐的内涵，心理上无法达到与音乐中所表现的情感同步，这时候，需要借助影像、文字、视听等手段来进行催化，调动他们的音乐情绪，创设理性的情感体验氛围，使学生全神贯注投入音乐之中，与音乐中的情感快速融为一体。

（二）引导学生对音乐作品进行分析比较

音乐是时间的艺术，转瞬即逝。因此，音乐的欣赏需要反复进行，在反复中进行分析和比较。通过分析，掌握音乐的主题，认识主题的对比、发展与变化，辨认音乐的曲式结构等，对于学生来说是十分必要的。对于音乐的分析最好利用乐谱和简明的图示。

用比较的方法进行欣赏教学是使学生将音乐表现手段与音乐情绪联系起来的有效方法。它既有利于学生掌握音乐的各种表现手段，也有利于他们更好地感受、理解音乐。可以有各种对比的欣赏教学方法，举例如下：

①将同类的音乐表现手段作比较。如音乐旋律的上行与下行；节奏的密集与疏松；速度的快与慢；力度的强与弱；西洋大小调与民族五声调式的比较；调性的转换等，在这些音乐表现要素的对比中，可以感受并理解音乐的情绪变化。

②将不同情感的音乐进行对比。如把《喜洋洋》欢快的情感，与《江河水》悲愤的情感作比较；如欣赏小提琴协奏曲《梁山伯与祝英台》的呈示部与展开部进行对比等。在这种比较中，可以体会音乐表现手段在表达音乐情感中的意义。

③将同一乐曲的不同演奏形式进行比较。如欣赏《春江花月夜》时，在听民族管弦乐演奏的基础上，对比地欣赏用西洋管弦乐演奏的交响音乐，再听钢琴、木管五重奏的《春江花月夜》；又如在欣赏《二泉映月》时，除欣赏二胡演奏外，还可以对比地听听弦乐合奏的《二泉映月》等。

④同乐曲或歌曲的不同演奏、演唱的对比。一首歌曲有不同歌唱家演唱不同的风格，同一首乐曲有不同指挥家和乐团的演奏。对比地进行欣赏是提高学生音乐鉴赏能力的有效而有趣的方法。

（三）结合图画、文学作品及其他艺术形式进行欣赏

在欣赏教学的过程中，让学生将自己在欣赏中所感受到的、联想或想象到的，图画或短文表达出来，可以有效地加深他们对音乐的理解和发展他们的创造能力。采用这种方法时，教师要鼓励学生的创造性，提倡发表不同见解，引导他们展开讨论。

四、音乐欣赏教学的一般过程

音乐欣赏教学的过程，往往受教学内容、教学类型、教学形式等因素的影响，教学过程不可能千篇一律，下面简单说一下音乐欣赏教学的一般过程。

（一）导入欣赏

导入欣赏的目的是吸引学生的注意力，激发学生的学习兴趣。学生的学习兴趣是关系教学成败的重要方面，如果教师的教学无法吸引学生的注意力，学生缺乏兴趣，那么即便教师教学内容组织得再完善，教学准备得再充分，也注定是失败的。可以说，导入欣赏是关系教学成败的重要一环。

良好的开端是成功的一半，如果教师在教学中能够做好导入欣赏这一环节，成功激发学生的学习兴趣，有效调动学生的积极性和主动性，那么必定能起到事半功倍的教学效果。

（二）整体性初步领略环节

初听又称为整体性初步领略环节。这一环节主要是让学生对音乐作品有个初步的印象和整体的把握。这一阶段需要在教师的引导下完成以下任务：

①对音乐作品的题材、内容、体裁、风格、情绪、表演形式等有初步的了解和印象。

②对音乐作品中的某些重点内容做较为深入的体验，能够得出自己的认识结论。

③对教师提出的疑问，能尽力从音乐作品中找出正确的答案。

由于上述内容往往是继续教学的基础或线索。因此，教师在欣赏前的提示、设疑一定要明确、恰当，以便学生经过努力能够得出正确的结论，

也为下一个环节的教学工作打下基础。初听阶段是根据音乐作品的题材、内容、体裁、风格等内容都比较容易理解，教学时间也比较充足而设置的。相反，那些哲理性强、难以理解、教学时间紧张的大型音乐作品，常常会省略这一环节，而把这一环节需要进行的内容融入教学中。

（三）分析性研究环节

分析性研究环节的任务是把音乐作品的题材、内容、体裁、风格、情绪、曲式、表现手段等，有选择地进行重点研究。通过这些研究活动，使学生掌握有关的知识、技能，深入地认识音乐作品的内容美、形式美、情绪美、表现美，从而提高他们的音乐鉴赏能力，因此，这个环节的音乐欣赏教学是提高学生审美能力的关键环节。

在分析性研究环节，师生都需要有明确的研究课题。因此，教师要精心设疑，做到教学目的明确；同时学生也必须确立明确的目标、在聆听时能够抓住重点。在讨论研究时，教师要把握研究的中心，学生要围绕研究中心阐明观点、拿出论据。最终，大家要做出符合实际的、科学的结论。在此期间，教师可以做提高性的补充讲解。但是，无论采取什么教学手段，都应把提高学生的音乐审美能力作为教学的终极目标。所以，引导学生掌握欣赏音乐的方法、评价音乐的方法、享受音乐美的方法是非常必要的。

当然，分析性研究环节并不是每节音乐欣赏课都要把音乐作品做全面细致的分析研究，而是每节课都对音乐作品中的音乐要素、创作技法、社会价值、艺术价值等，有选择、有重点地进行分析研究。长此以往，日积月累，最终使学生全面提高音乐审美能力。

在分析哲理性强、不易理解的大型音乐作品时，尤其要精心。因为这类欣赏课的整体性初步领略环节常常是被省略掉的。所以，这一环节还有弥补前一环节之不足的作用。

（四）综合性深入体验环节（复听）

人们对某一事物的认识，首先通常是它的整体，但这种认识往往是肤浅的、不够全面和深入的。在人们对这一事物的局部进行深入细致的认识时，会回过头来联系整体，通过局部认识整体，通过整体把握局部，这样的认识才能抓住事物的本质，是全面、深入的认识。综合性深入体验环节正是根据人们的这种认识规律而设置的。

综合性深入体验环节，要求学生独立地围绕音乐作品，把感性和理性知识有机结合，展开创造性的想象和联想。与此同时，学生还要善于运用正确的审美观对音乐作品进行审美评价。这一过程把学生的音乐审美能力向着更高的审美层次上推进。这一环节可以说是整个欣赏教学活动的收获环节。对这一环节的音乐欣赏教学我们一定要加以重视，有时候反复听也是十分必要的。在这一教学环节，教师一定要让学生确立明确的学习目标和学习任务，这样才能使学生取得真正的学习效果，从而掌握音乐的真谛。

（五）欣赏小结

欣赏小结是音乐欣赏教学的最后环节，它是教学欣赏总结所得的概括。

教师的欣赏小结要尽量做到言之有物，简明扼要，方便记忆。能够激起学生再次探究学习的欲望。

音乐欣赏教学是中小学音乐教学的一个重要组成部分，也是摆在每个音乐教师面前的一个重要课题，特别是在强调素质教育的今天，音乐欣赏教学越来越被教育界所重视。音乐欣赏教学只有以学生为审美主体，引导学生积极参加到音乐欣赏活动中，利用音乐本身的力量，感受理解音乐作品的内涵，才能真正提高学生的音乐素养。

第三节　中小学器乐教学

随着音乐教育研究的深入，人们越来越深刻认识到器乐教学对培养学生的创作力和完整人格的重要作用，器乐教学在当今音乐教学领域具有不可替代的地位和作用。

一、器乐教学的意义

（一）器乐教学能够激发学生学习的主动性

器乐教学能够改变教学模式的单一形式，丰富教学内容，使课堂气氛更加活跃。乐器独特的造型和丰富的音色能够激发学生的好奇心，乐器能以独特的造型、丰富的音色引起学生的好奇，把器乐教学与唱歌、音乐欣赏等结合起来进行教学，改变了以往音乐课枯燥单一的状况，能够充分调动学生学习的主观能动性。

（二）器乐教学能够提高学生全面的音乐素质

通过器乐教学，学生经过识谱、视唱、演奏及合奏的一系列训练，能够获得对音高、节奏、强弱、音色、和声、旋律等音乐要素的全面认识和掌握，同时，通过对音乐作品结构、风格等多方面的分析，学生的音乐表现力和音乐技能能够得到全方位的提高，欣赏学习能力得到提升，因而，器乐教学能够使学生音乐素养得到全面的提高。

（三）器乐教学使音乐基础知识与基本技能的教学效果得到巩固和提高

器乐学习的教学过程中难免会用到音乐基础知识、基本技能等多方面的内容，这样不但有利于学生理解和掌握音乐知识，更有利于识谱方面能力的提高。在不断的练习过程中，学生音乐基础知识、基本技能会不断得到巩固和提高。

（四）器乐教学能够促进学生智力的发展

人的大脑是由左右两半球组成的，在进行器乐教学过程中，学生必须做到眼、耳、口等多个器官的协调合作，特别是双手的精细、灵巧动作，是大脑中富于创造性的区域被进一步激发，这样经常性的运动，会使反应更加灵敏，观察力、记忆力和想象力得到综合发展，智力得到进一步开发。

（五）器乐教学有利于学生优良品质的培养

完成器乐教学的过程也是锻炼学生情感、意志等非智力因素的过程。器乐合奏教学有利于学生养成遵守纪律、团结协作的优良品质。

二、乐器的选择和器乐曲编排的原则

（一）乐器的选择

器乐教学对乐器的选择应该结合教学实际需要，遵循从实际出发的原则，根据本学校和教师的具体情况进行合理的选择，常见的中小学课堂教学的乐器一般有以下几种。

1. 竖笛

竖笛拥有悠久的历史，是起源于欧洲的一种木管乐器。竖笛造价低廉，结构坚固耐用，并且简单易学，上手比较快，即便没有任何音乐基础的人也很容易学习。在音色方面竖笛具有清丽纯正、柔软优美的特点。

2. 键盘乐器

键盘乐器包括口风琴、手风琴、电子琴、数码钢琴等。

口风琴又称为"键盘口琴"，近几年在我国得到逐步推广，它是将口琴原理与键盘相结合而产生的一种乐器。中学音乐教学中使用键盘乐器一般选用键盘口琴（口风琴）和合奏手风琴。正式的手风琴和合奏手风琴右手键盘的演奏方法是一致的，在合奏中可以代用。现在社会上和课外活动中学习钢琴和电子琴的人越来越多了，在音乐课堂的器乐教学中，可以充分利用这一有利条件，让这些有特长的学生参加合奏或担任歌唱伴奏。有条件的学校可以建一个数码钢琴教室，教室的设备包括一个教师主控台、数台学生用琴、投影机、摄像机等电教设备，教师在主控台示范讲解，学生互不干扰地单个练习，能合奏、重奏及独立让教师监听。数码钢琴音乐教室既可以完成乐理、唱歌、欣赏课的教学，也可以完成重奏、合奏、即兴创编等器乐课的教学，它便于组织教学，并提高课堂教学效率。

3. 打击乐器

打击乐器的种类很多，适合小学音乐教学的有小响板、串铃、三角铁、碰铃、铃鼓、沙锤、小军鼓、大鼓、堂鼓、小鼓、板鼓、大锣、小锣、钹、木鱼、梆子、腰鼓、竹板等。还有木琴和钟琴，易于演奏，并有准确的固定音高，尤其适合竖笛以及口琴等乐器的合奏。

4. 奥尔夫乐器

奥尔夫教学体系里使用的乐器种类繁多，多数属于打击乐器，其中"音条乐器"十分适合中小学音乐教学。还有三角铁、钹、小钹、指钹、串铃、西斯特、小锤、椰壳、响木、双响筒、响板、哇鸣筒、手鼓、铃鼓等，这些都是非常有趣的课堂教学乐器。

5. 民族管弦乐器和西洋管弦乐器

民族管弦乐器和西洋管弦乐器在普通学校的课外音乐活动中经常被应

用，一般学校适宜组织较小型的合奏组、重奏组，有条件的可以组织品类齐全的民族及西洋交响乐团。

6.自制乐器

师生共同自制乐器，对乐器的音色与表现是有趣的探索，自制乐器虽然显得粗糙，但学生兴趣浓厚，同样可以取得相当好的教学效果。学生自制乐器既能节省开支，改善教学条件，又能锻炼学生的动手能力和创造能力，极具教育意义。

（二）器乐曲编配的原则

器乐曲的选配应从实际出发，并遵循以下原则：

①器乐曲以短小、优美的合奏曲为主，尽量满足器乐教学本身的需要，同时兼顾歌唱、律动、欣赏、创作等内容的教学。

②多选择中外名曲和民歌的主题（或片段），可以从教材中选择一些短小的、适合演奏的歌曲旋律片段加以改编和编配。

③多种乐器的合奏曲的编配应根据乐器的音色与演奏特点、乐曲旋律与和声的需要，并考虑到学生的演奏能力。既要注意演奏效果，又要考虑学生的实际程度。

④节奏乐器的编配要注意音色的变化与统一。 编配的一般原则是，低音乐器常用于节拍中的强拍，高音乐器常用于节拍中的弱拍，三角铁的"颤音"与铃鼓的"摇音"大多用于长音。音色可以对比变化，领奏与合奏也可以交相辉映。

⑤器乐曲的数量不宜过多，少练精练，力求练好，一般教学班每学期以练好三五首短曲为宜，课外则提倡学生多练几首自己喜爱的器乐曲和歌曲旋律。

课堂器乐教学采取以班为单位的合奏形式，课外乐队则尽可能用西洋管弦乐队或民族管弦乐队总谱（或简化谱）进行排练。

三、器乐教学的方法

器乐教学的方法应该在遵循一般教学原则的前提下突出器乐课的特点。一般音乐教学方法在器乐课堂教学中都具有普遍的指导意义。以教师的教学活动方式为依据，器乐教学普遍使用的方法是练习法、欣赏法和讲解示范法。

（一）练习法

器乐课是技术性很强的学科，在教师指导下进行各种技能训练，是课堂上最常用的方法，科学有效的练习是完成教学任务最有效的途径，在训练中教师应注意以下几点：

1. 明确练习的目的和要求

教师在使用练习法时，要讲演练习的要求，明确每次练习的主要目的，做到有的放矢。

2. 掌握科学的练习方法

不同乐器有不同的演奏方法，在课堂上进行器乐教学时，教师在准确、形象地讲明练习动作要领的前提下，应设计多种多样科学有效的练习方法。科学的练习方法是完成教学任务，提高教学质量的有力保证。

3. 充分调动学生的主观能动性

教师的鼓励和赞许是提高学生学习信心与兴趣的重要因素。在练习过程中，教师热情、耐心、机智、风趣等优良品质，能充分调动学生的学习积极性，正确引导学生的创造性思维，制造轻松、愉快的课堂氛围。

（二）欣赏法

音乐教育是审美教育，提高学生的鉴赏水平是美育的主要目的。欣赏法是音乐教学的重要教学方法，也是进行器乐教学时最常用的教学方法。运用欣赏法教学，能激发学生强烈的情感反应，使他们参与到音乐实践活动中来，既能提高学生对音乐的感受力、理解力及表现力，又能提高课堂教学质量。

（三）讲解示范法

在课堂器乐教学中，练习的要领、作品的分析及一些音乐知识的教学，必须通过教师的讲解来完成。教师正确的讲解，有利于学生快速准确地掌握相关的理论知识，这个环节在教学过程中是必不可少的。器乐课的技巧性决定了教师规范准确的范奏和指导，教师的范奏不仅是学生对乐曲获得正确理解的最直接的途径，也是激发学生学习兴趣的重要手段。

除以上几种最常用的方法外，谈话法、讨论法等教学方法也可以根据教学的需要适当地选用。

器乐教学是音乐教师探索音乐教学改革、全面贯彻素质教育的实验园地，音乐教师可以借鉴外来经验，扎根民族音乐的沃土，面向全体学生，循序渐进、因材施教、因地制宜地展开推广与普及工作，让学生都能得到音乐的滋养，音乐才能得到发展。

四、器乐教学中需要注意的几个问题

（一）培养学生学习乐器的兴趣

兴趣是最好的老师。作为中小学的音乐教师，作为面向所有中小学生普及美好音乐的教育工作者，教师就要在培养学生的过程中，启发学生不断地发现美、感受美和创造美，从而达到音乐教育的真正目的。器乐教学就是音乐教师通过一定的教学方法和教学手段激发学生学习乐器的动力，使学生在掌握一门乐器的同时又能得到音乐文化的熏陶，扩展视野，启迪智慧。所以，培养学生学习乐器的兴趣是课堂器乐教学的动力。

1.让学生喜爱课堂乐器

第一，鼓励学生挑选喜欢的乐器。教师在进行器乐教学的过程中，把音乐审美教育融入乐器演奏中，通过器乐演奏进行音乐教育，而乐器演奏技能是提高音乐学习的重要依托，而提高乐器演奏的技能需要反复地训练和练习，只有学生在教师正确的指导下根据自身的具体情况挑选自己喜欢的乐器，学生才会发挥主观能动性进行反复的、长时间的、高效率的学习。所以通过鼓励学生选择自己喜欢的乐器是进行有效性课堂器乐教学的前提条件。

第二，激发学生学习乐器的欲望。中小学生处于好奇心较强的时期，他们在刚刚接触到课堂乐器的时候就会产生迫切、热烈的愿望想要立刻演奏出美妙动听的音乐。但是，随着时间的推移，学习不断深入，学生高涨的情绪会因为不能见到"立竿见影"的效果而骤然下降，心理上会产生失落感。所以教师要先成功地激发学生学习乐器的好奇心，之后运用科学的方法培养学生保持和进一步发展好奇心。

2.教师要不断更新观念、更改教学方法

有些教师在进行器乐教学的时候仍旧沿袭着陈旧、传统的教学方法和教学模式，导致学生把学习乐器当作一项任务甚至是一种负担，最后甚至是失去了学习乐器的兴趣。

（二）教学设计高效有趣

器乐教学是一个循序渐进的过程，教师在整个器乐教学中起着不可或缺的作用，这不仅体现在普通的器乐教学的过程中，课前如何做好高效、有趣的教学设计也是衡量一位教师教学水平的重要标准，它直接关系到器乐课堂的有效性。教学设计需要注意的是，首先要在教材内容上做出适当的选择，应当选择学生应该先体验许多可以被充分掌握或者接近于充分掌握的音乐，再实践那些超过他们的理解力但是又能使他们领略其中丰富内涵的音乐作品。而这些音乐作品既能满足他们的审美愿望，又相对比较复杂，需要一段时间的学习。需要注意的是，如果教师在这个方面还没有做好准备，那要自己先学会一件或几件课堂乐器。其次，注重预备练习。学生在演奏之初，无论从身体上还是心理上都很难达到理想状态，这时要设计一些预备活动，使学生能自然而然地走进器乐教学中。

（三）教学顺序循序渐进

课堂器乐教学的顺序，是指课堂器乐教学活动展开的过程，是音乐教师根据一定的器乐教学要求和不同年龄阶段学生的特点，通过借助相关的乐器，指导学生认识乐器，从而了解音乐，并且能熟练演奏乐器的过程。在器乐课堂中，教会学生通过一种乐器演奏乐曲是一个复杂的教学过程，教师只有通过一定的教学手段逐步地、循序渐进地进行。只有教师科学地、有耐心地将重点问题和难点问题逐一攻克，帮助学生演奏曲子的技巧由生疏到熟练、情感由单一到多变的阶梯进步，才能使学生体验演奏乐器的乐趣，更加热爱器乐。

（四）设计多样化的教学活动

教学活动是器乐教学中的重要环节，它可以使教学过程更加丰富多彩。

通过教师精心设计的一系列教学活动可以促进学生更好地体验器乐带给他们的美妙，还能激发学生的学习兴趣，提高学生的审美能力和音乐感受力。学生也在一系列的器乐教学活动中充分参与，能更全面地了解音乐作品，进而更投入地参与到音乐作品的演奏中。

（五）重视综合及时的教学反馈

课堂器乐教学的反馈是教师在传授知识的过程中，学生对所学知识做出的反应，使教师获得反馈信息的意图，教师结合学生做出的反应并根据教学目标、教学方法、教学过程以及教学结果进行价值判断，并及时做出更为精确的教学决策。所以，教师有必要在器乐课堂结束之前对本堂课的教学效果做出综合的反馈和评价。器乐教学的反馈和评价可以通过考试、表演进行，但是综合表现的方法更为合适。

首先，能完整地演奏作品。完整地演奏作品是指学生能独立、连贯、流畅地、富有感情地演奏作品。有些教师在实施器乐教学的时候，只顾及局部、重点、难点的要求，却忽略了作品的整体性，要求学生能在课上完整地演奏作品，不仅检验了学生对于知识吸收的程度，更使教师的器乐教学效果得到及时的反馈。

然后，对作品进行音乐处理并表现出来。这是课堂器乐教学的较高一些的反馈要求。一首美妙的音乐作品，技巧娴熟只是其中的一部分，更多的是要求演奏者通过自己的理解和发挥、赋予音乐作品丰富的情感。教师要在学生演奏之前指明音乐处理必须要注意的一些细节问题，如力度记号和表情符号等，更多的是让学生发挥主观能动性，充分展示音乐的表现力，这无形中也提高了学生的审美能力、创新能力等。为熟悉的歌曲伴奏是学生们非常喜欢的方式，在展示自己的同时还学会了配合。什么时候弱一点，什么时候强一点，在练习中慢慢地就养成了合作意识。同时教师可以利用器乐的伴奏巩固歌曲、突破难点、表演歌曲。

第四节　中小学音乐创作教学

音乐创作是中小学音乐课堂教学中一个不可缺少的训练项目。从应试教育向素质教育转轨，体现在音乐教育目标方面，就是要从传授音乐知识、技能的主要目标向以培养学生音乐审美能力和创新、实践能力的目标转轨。

一、音乐创作教学的意义

（一）音乐创作教学能培养学生的创新意识和胆识

音乐创作教学是学生参加音乐实践活动的重要环节，音乐创作学习在音乐学习中占有重要的地位。音乐创作教学的出发点和归宿是发展学生的创作思维，增强其创造的实践能力。创新能力是一个民族、一个社会富有生机与活力的重要表现，也是一个国家综合国力的重要组成部分。音乐是一种创造性的艺术，也是一种实践性艺术，音乐创作教学作为基础教育的重要内容，在培养学生创新实践能力方面有着突出的作用。创新意识和创新胆量是创造型人才必备的心理素质，传统的音乐教育过分强调教师的主导作用，忽视学生的主体作用，课堂上学生循规蹈矩，一切按教师的要求行事，极大地束缚了学生的求异思维和创新意识。而音乐创作教学作为一种教学领域，能为学生提供有效的创造环境、条件和创作方法，以及鼓励求新求异的学习氛围和激励机制，有利于培养学生的创新意识和胆识。

（二）创作实践过程可培养学生的创新思维和能力

思维习惯决定着一个人的行为模式，习惯于单向思维的人，处事较墨守成规，思维习惯于沿着教师的指引单向发展，解决问题常常只能一题一解；而多向可变思维（即发散思维）的特点是在解决问题时能多方向寻求解决问题的方法、途径，观察事物时也能从事物多方面的特点和联系去认识事物的本质。如创作教学中的"主题变奏"，就能训练学生的多向思维，要求学生从音乐表情要素的各个方面考虑，使音乐主题得以发展，得以丰富。譬如：旋律的加花、删减，节奏的扩展、紧缩，节拍的改变，旋律向上、向下的移位模进等，培养了学生思维的广阔性，促进大脑两半球的和谐发展，培养形象思维、逻辑思维、发散思维、聚集思维以及灵感性思维等，为形成创新能力奠定基础。

（三）有利于激发学生的联想和想象能力，培养学生的创造能力

人类文明的发展离不开创造，创造发明是人类生存的基石，它也使人类一步步走向辉煌。而一切科学发明都来源于想象与幻想，一切音乐实践活动，包括二度创作的演唱、演奏和所谓"三度创作"的欣赏活动，都依赖于人们丰富的联想和想象。音乐创作教学更是如此，尤其是命题创作，需要更加丰富的艺术想象力和创造力。音乐创作教学对于发展学生的联想和想象能力，培养学生的动手创造能力均具有独特的作用。

（四）音乐创作教学能够深化知识和技能的理解、运用

一切创造都是建立在原有知识或技术成果基础上的，音乐创作也不例

外，它必须运用已学的知识和技能，这无疑对巩固已学知识和技能，运用知识进行迁移是大有益处的。同时，由于不同创作内容的需要，学生会深切感受到课堂学习所掌握的知识、技能在实际创作中的匮乏，从而进一步增强求知的欲望。

二、音乐创作教学内容的完善

（一）小学低年级（1～2年级）

低年级（1～2年级）主要以即兴表演、即兴编创的形式来实现自我"创作"。培养和激发学生的即兴创作与表演的能力，能够即兴创编节奏、改编简单的乐句；能伴随歌（乐）曲进行即兴律动或表演；能够利用各种声响资源或自制乐器为歌（乐）曲伴乐；能创编简单的音乐情境小短剧、为歌曲编创歌词等。值得一提的是，教师需在此阶段为学生普及音乐基本理论知识，如旋律、节奏、速度、力度、时值等，为之后的即兴创作打下坚实的理论基础。

（二）小学中高年级（3～6年级）

能在教师的指导下，培养音乐创造思维和实际创作能力，运用音乐相关要素、读谱、记谱等知识技能进行4～8小节即兴乐句（曲）的创作；能为指定的歌词创作简单旋律，或为歌曲旋律创作歌词；对感兴趣的乐（歌）曲进行改编；5、6年级学生在教师的引领下尝试为歌（乐）曲的旋律编配二声部。并学习中国五声音阶、歌（乐）曲的体裁风格等相关知识，为初中的"音乐创作"奠定基石。

（三）中学阶段（7～9年级）

提高学生即兴创作能力，增加创作实践的机会。能从小组合作的即兴创作形式逐渐转变为个人独立完成的即兴创作，创作内容能表达一定的思想感情；尝试在即兴表演时加入华彩段的创作；能运用中国的五声音阶创作简单句式或呼应式的短小歌曲；可以独立完成8～16小节的旋律短句或断区，并用乐谱记录下来；能在课外自由地创作等。

教师在完成教材的"创作"教学内容外，还要适当增加课堂中的即兴创作环节，想方设法抓住可以激发和培养学生"创作"能力的每个机会。教师可以在课前的教案中设计相关内容，也可以在课堂中临场发挥，以刺激学生的即兴创作兴趣。

三、音乐创作教学的一般过程

创作教学是比较灵活的，一般可以分为酝酿阶段、创作阶段、评价阶段和表现阶段四个阶段。下面以创作一首歌曲为例谈一下创作的基本过程：

（一）酝酿阶段

教师先出示歌词（以四句的短小歌词为宜），在朗读歌词的基础上讨论怎样用音乐来表现，如情绪、节奏、节拍等。学生可以各抒己见，教师不要轻易地判定谁对谁错，要让学生充分表达自己的想法。在酝酿阶段还要进行一些必要的创作方法练习，如节奏填空、节奏模仿、旋律接龙、旋律填空、发展旋律等。

（二）创作阶段

学生根据自己对歌词的理解创作旋律，如有乐器最好在乐器上试奏，然后把谱子记录下来。学生之间应展开讨论，以小组创作为最佳形式。

（三）评价阶段

对学生的创作进行集体评价。教师的评价应以肯定、表扬为主。鼓励学生表现自己的音乐，唱、奏都可以，最好能边弹边唱、一人弹一人唱等。

（四）表现阶段

在表现阶段教师应为学生提供表现机会，让学生演奏（唱）自己的作品，也可选用某个学生的作品大家来表现，这样更能使学生获得成功的体验。

以上四个阶段可在一课时内完成，也可分几课时完成，重要的是要发挥学生的个性，使他们获得成功的体验。

四、音乐创作教学中需要注意的问题

（一）增强音乐创作基础理论知识

中小学"音乐创作"教学的最关键也是最难之处就在于，学生能够独立或在教师的帮助下进行音乐写作，也就是在书面谱写出自己的创作。这就需要学生要掌握一定的音乐基础理论知识，即乐理知识、视唱及记谱能力。

1.对学生进行音高、节奏、速度、力度、时值等方面的训练

乐理在音乐教学中是相对比较枯燥无味的，学生不容易接受，特别是小学中低年级，因此，教师应利用生活常识或是游戏的形式，激发学生学习兴趣，例如，在音高教学时，可以让孩子们敲击生活中的物体，自行探索声音的高低；进而加入有音高的训练，如找出7个高低不等的学生，按照由低到高的顺序排列，并依次给予昵称"do、re、mi、fa、sol、la、si"，通过游戏的方式，认识各个音高。节奏的训练，可以通过走、快走、跑进行四分音符、八分音符及十六分音符的训练；在这样的动态过程中，利用停下站立、半蹲、蹲下来表现十六分休止符、八分休止符、四分休止符等，通过联想的方式建立起音值的概念。在高年级，则可以在原有的感性认识上，进行反复的运用和书面练习，逐渐上升到理性认识。

2.培养良好的视唱及记谱能力

这对于中小学学校音乐教育来说是重点也是难点。小学阶段提倡对所学歌曲或乐曲的主题句进行模唱练习，并训练学生运用简谱、图谱进行记录。到了高年级和初中阶段，则可以适当加入五线谱的记谱训练。如5~6年级，对一个八度内的自然单音听、唱并用五线谱记录；并听、唱、记2~4小节的八分音符以内的节奏训练；7年级则发展为一个八度内包括变音的单音、自然音程进行听、唱、记；适当加入2~4小节的自然音旋律听记。8年级增加节奏训练的难度，听记带有休止符的2~4小节十六分音符以内的节奏；旋律听记也由原本的自然音改变为含有变化音。9年级进行4~8小节的旋律（含变化音）、节奏（含休止符）练习。在教学过程中，可以运用填空、选择、判断、抢答、对答、接龙等学生感兴趣的方式，吸引和调动学生的积极性，激发学生的探究力和创造力。

总之，增强中小学学生"音乐创作"的基础理论知识是一个漫长久远的过程，教师不可过于心急，由浅入深、由易到难、由感性到理性，才能使学生打好坚实的理论基础，为之后的音乐创作奠定基石。

（二）提高音乐教师的音乐创作及教学能力

为了让教师能够更好地胜任"音乐创作"教学，各地的教育部门应利用好每个可以培训的机会，开设我国著名作曲家及音乐教育学家的讲座或

课程，加强对教师创作及教学能力的培养。教师从中不断学习，提高自我创作水平，丰富"音乐创作"教学的经验。

一是加强对作曲技术理论的学习，掌握基本的音乐创作手法，能够创作 30 小节以上的复调作品、钢琴小品等。除此外，教师还应加强对音乐作品的改编能力，结合学生的心理特点与审美特点，对较为复杂的音乐作品进行改编和二度创造，或带领学生对感兴趣的乐曲和歌曲进行改编等。在教学过程中，将创作、创编的知识与经验传达给学生，成为学生"音乐创作"学习的导师。

二是提高"音乐创作"教学的能力，多学习和借鉴国外优秀的音乐教学法，多参与世界三大音乐教育体系的进修班，并结合作曲理论的学习，找出适合所教年级学生的"音乐创作"教学的方法，敢于尝试。将理论与实践相结合，运用到音乐教学实践中，促进"音乐创作"教学的进步。

（三）突破传统教学方法

音乐创作教学属于实践性强于体验性的教育，因此在音乐教学过程中，更需要实践性、探究性音乐教学方法。但在低年级阶段，教师可利用体验性教学方法中的音乐欣赏法和演示法来激发学生"音乐创作"的兴趣。在讲解音乐基础理论知识时多运用语言性音乐教学方法，如讲授法、讨论法等。根据笔者的调查，当前中小学音乐教师对于体验性和语言性音乐教学方法运用得体，相对较为熟练。相反，实践性及探究性的音乐教学方法则运用较少，多数教师不能在音乐创作教学中得心应手地与教学过程相结合。因此，突破传统的教学方法，寻求让学生主动参与实践的创作教学法是开展中小学音乐创作教学的有效途径。

突破传统教学方法的关键在于，教师在教学过程中要注重创作教学法的使用。这种教学法的目的是培养和发展学生音乐创造力和实践能力，与音乐创作教学的目标相一致。创作教学法包括即兴创作（如即兴律动、即兴伴奏、即兴编创等课堂上的各种即兴性行为）、音乐创作（如节奏创作、旋律创作、歌曲或乐曲的创作等）、创作表演（创编音乐情景短剧或舞蹈等）三个方面。但需要注意以下问题：

1.消除音乐创作的神秘感，充分发挥学生的创造力

长期以来，人们认为音乐是抽象的，音乐创作是作曲家的特权，因此，常常忽略了对孩子和非音乐专业学生的音乐创作教学，将其蒙上一层

神秘的面纱，甚至将音乐创作拒于中小学学校音乐教育之外。古今中外，日本、美国、德国等国家都将音乐创作教学摆在了音乐基础教育的重要地位，这说明，中小学学生是具有音乐创造力和创作能力的，教师应当在音乐教育中激发他们的创作兴趣，鼓励并引导他们创作，满足学生的音乐创作欲望。

2.重视"音乐创作"教学的过程，分清即兴创作与音乐创作之间的关系

义务教育阶段的音乐教育目标并不是要求把学生培养成为音乐家或作曲家，因此教师不必太过在意学生创作的成果如何，把教学的重心放在创作教学的过程中才是教学的关键所在。但在这个过程中，教师需要分清即兴创作与音乐创作的联系与区别。

即兴创作是学生根据当下的感受而随之产生的音乐创作活动，是不需要事先做好准备的临时创作。即兴创作往往与即兴表演相联系，二者相辅相成。这点从小学低年级的音乐教育就能看出，教师往往通过即兴律动、即兴表演来实现学生的即兴创作，是现阶段教师掌握较为熟练的教学方法。

中小学音乐创作是指在教师的指导下，学习写作或改编乐（歌）曲的音乐活动。与即兴创作的根本区别是，音乐创作是需要准备和酝酿的，经过加工和修改，最终成为较为完整的音乐作品。其中最难之处在于加工和修改的过程中，如何在不影响学生的创作前提下保证学生能够准确地将脑海里的音乐创作记谱下来。简单而言，就是要提高中小学学生的音乐基础理论知识。

即兴创作是音乐创作的基础和前提，音乐创作是即兴创作的升华，两者在中小学"音乐创作"教学中缺一不可，相辅相成。教师要处理好两者之间的关系，从而推动"音乐创作"教学的发展。

第四章　中小学音乐教学方法的应用

第一节　柯达伊音乐教学法

一、柯达伊生平简介

佐尔丹·柯达伊（1882～1937），匈牙利著名作曲家、音乐教育家、民族音乐家。他出生于一个艺术氛围很好的家庭，位于匈牙利的巴奇基什孔州克奇克梅特城。从小，他就在父母的教育和影响下学习古典音乐。柯达伊的父亲是火车站的站长，会拉小提琴。他的妈妈也会弹钢琴和唱歌。他的姐姐也会弹钢琴。柯达伊在 4 岁时就能写一些即兴歌曲，并参加了家庭四重奏。他年轻时学习钢琴、小提琴、中提琴、大提琴等多种乐器，并很早就达到了参与室内乐演奏的水平。在中学时，他开始开展音乐创作活动，同时，他也表现出了杰出的文学和语言能力。18 岁之前，柯达伊住在一个小城市，接触了简单的乡村音乐、民间音乐和农民歌曲，这对他未来的艺术创作和音乐教育理念的形成产生了决定性的影响。

高中毕业后，柯达伊进入布达佩斯音乐学院学习作曲和指挥，同时还在布达佩斯大学的艾特佛什学院学习匈牙利和德国的语言和文学。1900 年，柯达伊考取了保兹蒙尼大学哲学系，同时就读于李斯特音乐学院作曲专业。1904 年，他获得了作曲专业的文凭。1906 年他以研究匈牙利民间歌曲的歌词结构的论文获得哲学博士学位。1907 年柯达伊来到法国巴黎，其间接触并研究了印象派作曲家德彪西的音乐，对其和声中五声音阶的用法大感兴趣。回国后，他在李斯特音乐学院任教，被聘为音乐理论和作曲教授。这些经历为他日后成为艺术家和学者做了良好的准备。

1911 年，他和巴托克等人组织了新匈牙利音乐协会。1919 年，柯达伊被任命为音乐学院的副院长。1925 年以后，他开始关注少年儿童的音乐教育。他撰写文章，去各地演讲，并编写了很多供教学用的视唱练习及合唱作品，从此开始了历时 40 余年的推动匈牙利音乐教育普及和发展的艰苦而有意义的工作。

1942 年柯达伊从音乐学院退休。为了庆祝他 60 岁生日，匈牙利合唱协会宣布这一年为"柯达伊年"，授予他十字勋章和日瓦尔大学名誉博士学位。此后，他担任过匈牙利艺术家理事会主席、音乐家协会主席等职务。1964 年被选为国际音乐教育协会（ISME）名誉主席。1966 年，他以 84 岁的高龄去美国参加第七次会议。1967 年 3 月 6 日逝世于布达佩斯。为纪念他，东京、波士顿、渥太华、悉尼、克奇克梅特等地建立了柯达伊学会。我国的柯达伊学会于 1989 年在北京成立。国际柯达伊学会会员、上海音乐学院的汪培之先生最早向国内介绍了柯达伊音乐教育体系。

作为作曲家，柯达伊在近 70 年的创作生涯中，始终坚持以民族文化为基础，借鉴欧洲优秀的音乐传统进行创新。自 20 世纪初以来，他深入民间，收集和研究匈牙利民间音乐。他认为，匈牙利民间音乐是真正的匈牙利音乐文化传统的代表，是音乐创作的最佳来源和素材。从他早期的歌曲和室内乐创作中，我们可以看出，这些作品大多改编自匈牙利民歌和音乐，具有鲜明的民族特色，充满个性。然而，由于匈牙利近 200 年的外族入侵历史（从 16 世纪上半叶到 17 世纪末期）和随后的德国文化独裁，其民族文化和经济发展受到了限制。因此，许多人无法接受柯达伊作品中以五音为基础的旋律和声、自由即兴的器乐风格。然而，他的作品清新独特，真正富有民族音乐文化特色，为当时的匈牙利音乐产业开辟了一条新的创作道路，并产生了很大影响。

1923 年，柯达伊为庆祝首都布达佩斯市 50 周年庆典而作的由男高音、合唱和管弦乐队演唱（奏）的《匈牙利赞美诗》，不论从音乐素材还是从表演形式来看，都显示出他的创作进入了一个新的阶段。这部作品表明他要将艺术服务于所有的匈牙利人民，使人民更接近艺术。1926 年和 1932 年，柯达伊在他的戏剧作品《哈里·亚诺斯》和《纺屋》的创作中，将采集的民间歌曲作为音乐旋律素材，第一次在歌剧中引进了匈牙利民间音乐。1939 年和 1940 年他先后创作了管弦乐作品《孔雀》和《协奏曲》。前者以现代管弦乐队的演奏技法将民间歌曲风格的匈牙利音乐尽情发挥；后者则将匈牙利音乐的舞蹈节奏与民间古老音乐相结合，表现了他要在继承民族民间音乐文化传统基础上进行创新的创作意图。特别是 1925 年以后，他在为儿童音乐教育所编的大量音乐教材中，仍坚持这一创作原则，强调民族音乐教育，并努力通过音乐教育将"民族古典文化——民族精神最完美的体现，尽快地为全民占有"。柯达伊的创作植根于匈牙利的土地上，完美体现了匈牙利精神。

作为民族音乐学家，柯达伊是第一位以广博的知识体系、严谨的治学态度和科学的研究方法研究匈牙利民族音乐理论的学者。他的突出代表作是 1917 年出版的《匈牙利民间音乐中的五声音阶》。这是他对民间歌曲进行了 12 年研究的成果。书中提出了匈牙利民间音乐中的五声音阶的特征，这对匈牙利民族音乐理论研究有重大意义。1937 年完成的《匈牙利民间音乐》，则是他多年研究成果的代表，他从民间音乐理论、人类学、民族历史沿革、语言学等方面进行了综合系统的研究。同时，他还进行了匈牙利音乐史的编撰工作，以此来促进匈牙利民族音乐学的发展。所有这些研究成果均达到了世界水平。从 1961 年起，柯达伊担任国际民间音乐理事会主席，为促进国际民族音乐理论的研究和交流做出了努力。

作为一名音乐教育家，柯达伊从 1925 年后开始关注青少年音乐教育。他始终认为培养音乐家和培养受过教育的音乐听众是音乐文化发展不可分割的两个方面，这与他音乐创作的原则和理论研究的目的是一致的。音乐专业教育的发展离不开全体人民音乐文化的基础和实际水平。他说："我建议我的年轻的同事们、交响乐的作曲家们，也拿出一些时间到幼儿园走走，在那里你可以判断，是否在 20 年后所有的人都能懂你的作品。"[①]他努力寻找适合民族音乐教育实施的途径和方法。根据当时匈牙利社会的实际发展，人民的生活水平和音乐教育的普及，他提出通过歌唱让人们（特别是年轻人）接近音乐，在歌唱的基础上向更高的层次发展。他相信人类的声音是与生俱来的。优美的乐器和歌唱训练，特别是多声部合唱的学习，不仅可以培养人们优美动听的歌唱，还可以体验到平衡和谐的多声部协调。他认为音乐教育的发展离不开民族历史的发展，更离不开一般文化范畴。他倡导音乐教育的重要性，强调音乐教育应以民族音乐为教材基础。为了实现这一目标，他在继承前人优秀经验的同时，开始研究音乐教育，

---

① 杨立梅.柯达伊音乐教育思想与实践：音乐基础教育的原则与方法 [M].北京：中国人民大学出版社，1994：30.

从幼儿音乐教育到学校音乐教育，从教育理念到基本教学方法，从教学大纲到教学内容都进行了有计划的系统的研究和改革。他从 1945 年起一直担任领导制定匈牙利早期音乐教育规划的工作。1905 年，匈牙利开始实行新的统一的音乐教学大纲，他同优秀教师玛尔塔·内梅斯基在克奇科梅特市开始了教学实验。采取在普通学校里每天都有音乐课的方法（歌唱学校），并且使用柯达伊教学原则、教材及教学手段。

柯达伊教学法在世界各国都产生了广泛的影响。数十个国家翻译、出版、介绍了柯达伊的教育理念和方法，并根据本国的实际情况进行了实验。1964 年，国际音乐教育协会（ISME）推选柯达伊为其名誉主席。1975 年，国际柯达伊协会成立。柯达伊作为一名音乐教育家，他的教学方法不仅奠定了匈牙利音乐教育的基础，而且成为当今世界最具影响力的音乐教育体系之一。他也用自己 40 多年的艰苦奋斗，使他的"让音乐属于每个人"的教育思想成为世界各地音乐教育家的共同理想。

二、柯达伊音乐教育思想形成的背景

19 世纪末，匈牙利人民的音乐知识水平低得惊人。无伴奏单声道演唱是唯一的音乐表演形式。传播方式依赖于口头、听觉和记忆。即使是中产阶级以上的人也不能识谱和记谱，或是最高音乐学院的学生也不能流利地读谱和作曲。受李斯特、勃拉姆斯等伟大作曲家作品的影响，人们误将城市的吉卜赛音乐与匈牙利音乐混为一谈，而对真正的匈牙利民间音乐遗产却一无所知。20 世纪初，第一次世界大战使匈牙利满目疮痍，人们生活贫困。在这种情况下，人们接近音乐的唯一途径就是用自然的声音唱歌。

柯达伊是匈牙利著名作曲家、民族音乐理论家、音乐教育家，自 20 世纪初以来一直致力于匈牙利民族音乐和音乐教育的发展，并将自己的一生奉献给了这一艰苦的事业。对民族音乐的浓厚兴趣可以说是柯达伊教育思想不可或缺的基石。当柯达伊意识到人们对匈牙利的独特事物知之甚少时，他决定和他一生的朋友巴托克一起走遍匈牙利，收集当地的民歌。他们发现，真正的匈牙利民间音乐是在农村长大的，生活在农民中。他们认为真正的匈牙利音乐文化传统保存在民间音乐中。强烈的民族意识、爱国主义信念和艺术探索精神促使他们对匈牙利民歌瑰宝进行研究。1928 年巴托克在《匈牙利民间歌曲》一文中说道："如果有人问我谁的作品最完美地体现了匈牙利的精神，我将回答是柯达伊。他的作品表明了他对匈牙利民族精神的信念，显而易见的原因是，所有的柯达伊的创作活动都是根植于匈牙利的土地上，他的作品里保留了民族精神的精华。而更深刻的内在原因是他对自己人民的创造力和民族的未来具有坚定的信心。"柯达伊的音乐教育思想和作品中也都充斥着强烈的民族因素。

政治因素也是柯达伊音乐教学思想形成过程中不可忽视的重要因素。匈牙利是第二次世界大战中受灾最严重的地区。那时，国家的经济落后，教育和文化水平很低。剩下的"后遗症"就是殖民化的文化政策，这在学校教育中最为突出。柯达伊非常担心匈牙利音乐的教学状况，他认为 20世纪匈牙利的音乐不如 19 世纪流行。匈牙利民族音乐教育状况唤醒了柯达伊的爱国热情和民族意识。柯达伊着眼于整个国家的长远利益。为了提高全民族音乐文化的质量，柯达伊倡导一系列的方法，从而形成一个完整的柯达伊音乐教育体系。

三、柯达伊音乐教育思想及理念

（一）强调音乐教育与人的全面发展

柯达伊的音乐教育理念认为，音乐与人的生命本质有着密切的关系。人们不能没有音乐而生活。没有音乐，就没有完整的人生。音乐满足了人们的精神需求，是日常生活的有机组成部分。音乐可以发展人的情感、智力和个性，丰富人的内心世界。音乐是每个人都需要的精神食粮。他坚信音乐有塑造性格的力量，甚至有改造人的力量。音乐对一个人生活的情感影响是任何语言都无法替代的。好的、有价值的音乐是灵魂的养料，有助于加强和丰富一个人的个性。这是柯达伊音乐教育的哲学思想。这个思想的核心是，音乐是人的发展中不可缺少的部分。

他指出，音乐不能是少数人的专属财产，而应该属于每个人。这是最高的理想。他的目标是向数百万人展示真正的音乐，让音乐使人们的生活更美好。要实现这一目标，学校音乐教育起着决定性的作用。他认为，普通学校教育的目的是为人们形成完善的性格奠定基础。一个没有音乐的人是不完善的人，他的文化也是不完善的。也许一个孩子在 15 岁的时候没有一个明确的目标，但这并不妨碍他将来成为一名优秀的工程师、化学家等。但如果他的听力在 6 岁时就没有得到正规的训练（甚至更早，通过游戏），他就不可能理解音乐。音乐教育在学校中很重要，培养音乐听众就像是培养一个社会。音乐应该属于每个人。一位母亲所接受的音乐教育将对她的子女和孙辈产生影响，其影响不仅在这一代。

（二）注重音乐教育与民族精神的培养

柯达伊以民族、民歌为音乐教材进行音乐教学。通过这种方式，他培养了自己的个人音乐能力，开辟了建立国家音乐中心的途径，希望能帮助学校重新唤醒匈牙利人民的音乐意识。柯达伊认为民歌是民族文化的产物，是民族文化的精神果实，是一部优秀的代表作。柯达伊认为，受过教育的阶层应该把从人民那里接收到的国家共有的传统，加工转化为一种新的艺术形式，然后归还给自己国家的人民。因此，柯达伊教学法中的音乐素材主要选用的是匈牙利民歌和儿童歌曲，试图通过音乐教育来培养匈牙利人民的民族精神。

（三）柯达伊对早期教育的认识

柯达伊的整体教育体系是以早期音乐教育为基础的。柯达伊非常重视童年性格形成阶段的音乐教育。他认为最有效的音乐教育必须从幼儿开始。他强调儿童应该从小就能阅读和书写乐谱，并通过视觉、唱歌和说白等方式全方位地学习。教材的编排和教学顺序应充分考虑儿童接受能力的特点。歌唱是培养音乐素质的最佳途径。他认为，歌唱游戏和民间儿歌是发展民族特色和民族潜意识的最好基础。因此，柯达伊认为，在幼儿音乐教育的角度上，应注重民族性的培养、集体精神的培养、性格的培养、音乐乐趣和音乐能力的培养。

（四）音乐教育的主要任务及目的

从早期音乐教育抓起，培养儿童对音乐的爱好，有步骤地使其掌握音乐的母语、发展其音乐能力。他认为音乐教育的目的是培养音乐素养全面发展的人，反对把音乐作为谋生的手段。1947年柯达伊发表了重要文章《百年计划》，其中写道："目标是：发展匈牙利音乐文化。途径是：经过学校教育使学生获得基础的音乐读写能力。同时促使匈牙利音乐教育向两个方面发展，培养音乐家和培养听众。提高匈牙利公众的音乐趣味，不断地向着更好和更具有民族性的方面发展。"归结起来就是一句话：普及和提高整个民族的音乐水平，恢复匈牙利民族的音乐遗产，旨在匈牙利逐渐形成一个统一的音乐教育体系。

四、柯达伊音乐教学法的主要特点

柯达伊音乐教育体系的主要内容和方法是柯达伊教育思想的具体实践，是在长期的教育改革探索中逐渐形成的独特的教育思想。有些方面并不是柯达伊的独创，但他继承了一些优秀的传统和前辈的以及国外的方法，吸收其有效成分，并结合现实和匈牙利的需求进行了改革和实践，因此，使这些方法在他的教育体系中起到有机统一、协调发挥的作用。

（一）民间音乐在教学中的重要地位

柯达伊反复强调，没有任何一个杰作能够代替传统的作用。民间歌曲是培养好的趣味的学校，因此演唱民间歌曲必须成为每节音乐课的一个部分。这不仅是为了提供演唱的练习，而且是为了保持传统的延续，"如果每一代人不能够很好地继承传统的话，我们祖先的文化不久将要消失，文化是不能自动永存的，我们正是在为此而工作"①。

在普通学校低年级的民族音乐学习中，歌唱游戏的作用是非常重要的。随着儿童音乐经验的积累和知识的增长，在熟悉和热爱自己民族的民间音乐的基础上，逐渐增加其他国家民族民间音乐的学习内容，学习其他民族的音乐风格，这也是一个重要的教学内容。

从音乐理论的角度来看，柯达伊教育体系突出了五声音阶音乐在学校教育中的作用。五声音阶音乐是匈牙利民族音乐的一个突出特征，也是幼儿音乐教育最适宜的起点。这两方面的结合形成了学校民族音乐教育中的理论基础和体系。在深受德国、奥地利等西方音乐影响的匈牙利，这一理论基础的建立经历了一段艰辛的历程。

在实践中，柯达伊系统以民族音乐的核心"五声音阶"为教学切入点，贯穿歌唱、音乐读写、五线谱知识、民族音乐结构分析、听力、复调训练等多种教学内容。科达伊还写了很多五声音阶音乐的读写练习材料。包括音阶的增加、音阶的不同组织、五声音阶向七声音阶的过渡、五声音阶与七声音阶的结合、五声音乐对其他民族五声音乐的吸收等，都是经过精心设计的。柯达伊认为，从匈牙利音乐通向世界音乐是容易的，相反的道路是非常困难的，甚至是不存在的。

---

① 余小清．让民间艺术之花在校园中绽放 [J]．文理导航，2017（24）：77．

（二）重视音乐教学内容的思想和艺术质量

强调审美趣味的重要作用。除了强调使用本民族的优秀作品外，他还主张选用世界音乐名作作为题材。他说："如果我们要对别人有所认识的话，首先对自己要有一个充分的认识，但是我们不可以停留在这个阶段上，这就是说只懂得本民族的民间音乐。而我们真正的目标是使孩子们对于具有高尚美学价值的作品不但能够欣赏，而且还要能理解，并且最终还要能自己从事创造。审美教育确实应该得到应有的重视，因为好的审美教育是无法遗传的，每一代人都不得不为自己重新创造与培养这种审美趣味。"柯达伊说："只介绍外国作品和匈牙利作品中的低劣音乐，学校就切断了音乐意识朝较高级方向发展的道路。""关于外国音乐，只能选杰作，那多得很。匈牙利作曲家创作的作品，那只能是用匈牙利的风格。"

柯达伊认为音乐作品中有好与坏、高与低之分。他强调艺术的教育作用说："低级趣味极其迅速地传播开来。在艺术上，这就不像服装那样无所损害。穿着低级趣味的人并无危害他自己的健康，但艺术上的低级趣味却是一种真正的精神疾病，它将人的心灵禁锢起来，使之无法接触名作及其赋予生命的'营养'。没有了'营养'，精神就会萎缩或发育不全，整个性格就会打上怪异的烙印。""在成年人身上，这种毛病大多无法医治。只有预防才有作用。进行免疫工作是学校的任务。"

（三）把歌唱作为音乐教学的主要手段

柯达伊认为，只有积极参与艺术实践活动，孩子们才能获得音乐经验和真正的音乐文化。歌唱是每个人都有的一种乐器，歌唱是一种人人都能参与的音乐活动，这是一种切实有效的普及音乐教育的途径。历史上重要的音乐家和教育家都非常重视歌唱的作用，因为歌唱给予人们的音乐体验是最直接、最深入人心的。唱歌本身就有非常丰富的学习内容。通过这种最自然的学习形式，幼儿可以学习掌握语调、节奏、速度、艺术表达、情感处理、分析多声部的能力等。因此，我们必须充分重视歌唱教学。

强调演唱，更确切地说是强调合唱演唱，是基于"让音乐属于每个人"的流行音乐教育理念。柯达伊认为，合唱具有影响和促进大众音乐文化发展的功能。参与合唱可以影响更多的人接触到真正有价值的音乐，也是最简单的方式。无伴奏合唱可以培养听觉和音乐鉴赏技能，可以向不会演奏乐器的人展示世界著名的作品，引起千百万人心灵上的共鸣。

他说："还有什么能比合唱更好地显示社会精神呢！许多人一起来做这个无论什么天才的个人也做不来的事情。每个人的工作都同等重要，然而一个人的错误又会破坏了整体。我不想断言英国社会的团结和英国人的纪律性是由合唱造就的。但是这两个方面与他们六百年之久的合唱传统不能说没有某种联系。英国工人和匈牙利工人不同的区别之一是英国工人参加合唱，并且知道巴赫的 b 小调弥撒。"合唱所产生的社会作用，是音乐教育目的的一个重要方面。在合唱中，人们学会倾听、配合，对于艺术和谐、完美的追求和自觉形成的统一意志，取代了行政的约束。它所形成的纪律性来自人的内在要求，而不是外在的压力。

柯达伊认为，社会化因素使合唱产生一种"魔力"。由于合唱团的集体参与形式，合唱团的无私投入和创造的和谐之美，可以创造一种群体感和友谊感，给生活带来精神升华。因此，合唱是最有益的科目，它能给人们的努力带来最满意的回报。学校合唱队标准的制定应建立在更加成熟的指导思想和充分的研究基础上。任何学校都有能力使合唱达到教育目的的标准，同时也会对公众的音乐生活产生重要的影响。因此，如果儿童合唱团不能很好地组织起来，就不可能承认合唱团在数量上能增长，在质量上能提高。合唱的关键不在于技术。技术不是艺术的本质，艺术的本质是灵魂和精神。在任何一所学校，在任何一位优秀的指挥员的指导下，都很容易掌握表达孩子心灵所需的技能。

遵循这一指导思想，匈牙利中产阶级普通学校都能唱合唱，学校都拥有一支高水平的合唱队，音乐教师都有娴熟的指挥技能。由于日常训练和指挥被列为培养音乐教师的重要必修课程，这也促进了学校歌唱教学和合唱活动的蓬勃健康发展。经过多年的实践，合唱活动的发展已显示出其社会作用。合唱团已经从学校走向社会。参与合唱已经成为学生从小学到成人生活中不可缺少的内容。在匈牙利的各个城市都有许多业余合唱团组织。人们可以在每周两天的休息时间或晚上和其他空闲时间找一些人参加合唱活动。各种合唱音乐会和比赛也数不胜数，充分体现了社会音乐的普及程度。

在柯达伊的教育体系中，器乐教学也强调以歌唱为基础，这是一种创新。柯达伊认为，只有在歌唱的基础上才能发展出更深层次的音乐文化。音乐的根源在于歌唱。如果先学唱歌，然后再学乐器，可以为学生准备各种各样的音乐素材。在唱歌方面，学生们掌握了视唱能力，可以开阔视野。他们不仅可以阅读他们正在练习的乐器的乐谱，而且可以尽快了解更多关于音乐作品的知识。

（四）重视低年级音乐教育，强调音乐启蒙教育潜移默化的作用

柯达伊主张儿童从小就接受音乐教育。他说："如果问孩子的音乐教育应该从什么时候开始，我就回答从出生前九个月。人们刚一听说也许会觉得我在开玩笑，但是很快就会信以为真。母亲不只是把自己的乳汁分给孩子，而且，孩子的灵魂也是从她的肉体和灵魂上分下来的。假使母亲是酒精中毒者，那么她的孩子也将继承那标记。母亲是否是音乐中毒者——我想这样称呼那些只满足于无价值的低级趣味音乐的人——只要看看孩子就知道了。"

柯达伊强调6～16岁的音乐教育是音乐教育的基础。他说："如果在孩子最易受影响时期（6～16岁），那种具有生命力的音乐之流一次都没有注入过他们的心田，那么日后音乐对他们几乎就起不了什么作用了。一次单纯的经历常会使青年人的心灵终生同音乐息息相通。这种经历不能靠偶然的机会，提供这种经历应该是学校的职责。"

（五）重视教师的选择，强调学校的教育作用

柯达伊认为，一个普通学校的音乐教师要比一个城市的歌剧院指挥重要得多。一个糟糕的音乐教师会扼杀许多学生对音乐的热爱。为此，在他的影响下，鼓励音乐学院师生参与到振兴民族音乐教育的运动中来。

柯达伊积极鼓励教师发挥创新精神。他认为教学方法不应该变成死板的教条。他说，过于具体的指示和规定只会阻碍和限制教师表达自己的才能，夹紧他们的创作翅膀。教学方法应该是教师创造性工作的天地。但是，首先要求教师要有良好的音乐修养，有良好的心理素质，高尚的精神境界，热爱艺术，热爱孩子，有崇高的责任感和奉献精神，并善于根据孩子的实际情况灵活运用不同的教学方法。在教学中，教师与儿童之间存在着一种"互动"、一种相互促进的关系。教师必须具有丰富的知识和经验，才能在实际教学中灵活机智地应对各种变化。教学领导者不需要强调使用的是什么固定程序。教师应该在自己的知识范围内选择方法，并考虑适合自己的爱好和接受过的音乐培训。

（六）音乐教学使用首调唱名体系

柯达伊教育体系中，首调唱名法的应用像是一条贯穿于各项内容和活动的主线，由此人们往往把首调唱名法等同于"柯达伊教学法"，提起"柯达伊教学法"，就笼统地说成"使用首调唱名法"。

深入地研究和分析发现，20世纪30年代，柯达伊在他的教育生涯中期推荐了首调唱名法（1937年首次正式提出）。此时，他的音乐教育思想中最基本、最重要的概念已经形成。可以认为，首调唱名法是为其教育思想服务的重要手段。那么首调唱名法和他的基本思想有什么关系呢？柯达伊为什么对首调唱名法感兴趣，使其更加系统和完善，并编写了大量的视唱教材使其应用于教学呢？

柯达伊在一篇分析英国视唱练耳体系的文章中写道："这个体系在普及音乐文化方面，比所有专门的音乐学校起的作用还大。""它是一个综合的基础。在使用这种视唱体系的国家或学校，歌唱活动比其他地方都发展得更好。""首调唱名法使音阶调式中的每个声音都有了一个名字，在唱出唱名时也就确定了它在调式里的作用。"这就是说，首调唱名法中，Do 的位置、高度可以是移动变化的，但各调式音级却有着确定不变的唱名，唱名表明了每个音级在调式中的不同功能、作用和表现力。

匈牙利音乐教育专家多伯索依·拉兹罗（Dobszay Laszlo）解释了柯达伊的理论，认为音乐中有一个比声音的绝对高度更重要的因素，那就是"声音"的功能作用，以及各种"声音"之间相互关系的顺序。这种关系的形成是不同的，这就导致了色彩的丰富和风格的不同。这种相互关系体系对各种风格和作品（指调性作品）都有意义，这就是调式。在这个意义上，调式不仅仅是一个音阶，它还包括声音的不同组合及其逻辑进程。调式是不同民族、不同风格的音乐内部组织和逻辑发展的基础。而首调唱名法就是与调式音阶的统一和对调式动作相适应的关系。它为调式感的建立和调式中各个音阶之间的关系的感知提供了直接的联系。

事实上，在音乐中感知声音有两个要素。其一是能够清楚地感知声音的高度，并将其从连续运动的频率中分离出来。这是从声学的角度观察声音。另一个元素就是声音。声音之间的作用和关系，是构成声音情感的元素。只有将声音与情感元素充分融合，才能产生对音乐的感知。音乐作品中的思想情感只有通过声音的语言才能被人理解。"声音的语言"就是调式赋予声音的"倾向""期待""解决"等逻辑运动和色彩，是声音和情感的结合。

但如何获得这种感知呢？虽然音乐是非常自然的，但它使用的材料比其他任何艺术形式都更加非物质化和无形。如何使音乐的语言变得真实和可感知，使原声和情感的声音统一起来？

这就是音阶固定在曲调形成中的作用。首调唱名法使各声级的位置相对"固定"，形成典型而稳定的心理反应，使人能长期记忆，成为对音乐的感知，促进音乐思维的形成。柯达伊认为："在这种视唱方法中学生自然地建立了音乐思维的基础。"

采用首调唱名法，通过视唱和表演的实践活动，获得声音体验的音乐印象。这些首调唱名音节融合了声音和情感特征，并被保留在大脑中以促进音乐印象的积累与记忆。柯达伊认为，首调唱名法和声音感觉之间的联想和联系是直接的。通过唱名，声音会被深深地感受到，它也会帮助人们唱清楚，建立他们的内在听力。在实践中对声音的感受反过来又会加深对唱名的印象，促进音乐听力的发展。这种唱名系统为一般能力的学生打开了通向音乐的大门，是获得音乐听力和培养音乐思维的最佳途径，这是其他方法难以达到的。在唱名法问题提出之前，柯达伊的教育思想已基本成型。唱名法是其教育思想的有机补充和实践手段。作为一种适应民间音乐的调性传统，首调唱名法在发展听觉、发展音乐思维和研究记谱法方面具有实际的作用。

五、柯达伊教学法在实践教学中的应用探索

柯达伊音乐教学法在学校音乐课上更注重读谱和写谱的基本技能。一开始，它首先使用简单的书写方法。后来经过系统的训练，注意力又转移到了五线谱上面，因为通过节奏、音程、旋律等的训练，他们已经有了较深的音乐积累，在记谱和作曲上不会有太大的困难。

与教学生学习乐器相比，歌唱教学具备它自己的方便之处。歌唱教学应该在我们的学校音乐教育改革中提升到一个特别重要的地位，因为歌唱可以促进人们对一般音乐的兴趣，提高人的审美素质，加强人的审美感受能力，展现人们的生命精神。给孩子们做节奏练习的同时，我们还能够使用的是节奏唱名法，柯达伊教学法中的节奏唱名法能够使孩子们对那些来

来回回的"1，2，3，4"不太烦躁，可以保持孩子们练习时的心态。我们可以先从四分音符开始学习，它的节奏和时值相结合，跟我们日常生活中走路时候的速度差不多；接着开始学习八分音符；最后再学习比较快速的十六分音符。

柯达伊音乐教学的另一种教学方法是"做手势"。通过做出不同的手势，可以帮助学生增加手脑相互配合的灵活性，这就是我们经常听说的"科尔文手势"。我们可以用直观的手势来显示乐谱上每个音符之间的相对高度，引导学生观察我们所做的手势，从而掌握音准问题。当教学生识谱学习的时候，我们不能单独重复说这个音符应该唱多高，应该唱多低。相反，在实际的课堂中合理地使用柯尔文的手势更合适。用柯尔文手势作为音乐"教具"向学生展示音符的高低，可以使抽象的音高变得更加直观，使学生在识别乐谱时不知不觉地弱化了对声音高度的恐惧心理。通过"柯尔文手势"在音乐教学中的运用，可以更好地培养学生的乐感，帮助孩子快速了解乐谱中每个音调之间的高低关系，提高学生对乐谱的试唱能力。

这里教师可以根据节奏唱名法与柯尔文手势准备一个小学低年级音乐教学课例：在这里就先选用《两只老虎》这首儿歌的简谱来举例说明，当然了，这种方法也可以用在另外一些曲子里面。第一步，教师首先带领学生充分地熟悉这首儿歌的节奏特点，我们要指导这些儿童，让他们一边用嘴唱唱名法的节奏，另一边用手拍节奏，这样一来，他们的注意力就全部放在了这些音乐节奏上面，从而可以使他们更加快速地学会掌握这些节奏。然后教师再采用柯尔文手势来让学生们体会音符中高与低的概念，在唱歌的时候，我们一定要带着孩子们一边用柯尔文手势来表示音符的高与低，一边慢唱音乐的谱子。另外，我们也能够和孩子用柯尔文手势来一起配合练习，例如：我们一边做手势一边唱歌曲的旋律（注意速度不要太快），让学生在两拍以后跟着模仿我们做的手势和唱的歌曲旋律，这样就形成了一部二声部的卡农轮唱，从而可以帮助他们快速地提高识谱能力，当然，用人声和钢琴卡农仍然可以这样训练。另外，柯尔文手势还能够完成两个声部的练习，比如，不一样的声部我们能够通过双手摆出不一样的造型来表达，训练他们不用一直盯着曲谱只要一看到手势就能够唱出歌曲的音符，使他们在自己唱歌的时候，可以听到其他人的歌声，从而能够互相配合，演唱歌曲旋律的难度较大时还可以先不使用钢琴伴奏，让他们只看着我们的手势来调整他们自己唱出的音高，来训练他们的音准。

柯达伊音乐教学体系中的柯尔文手势和节奏唱名法，是小学生提高乐感，训练音乐能力特别有效的手段。同时，乐感的提高反过来又可以辅助学生歌唱或其他音乐技能的学习。

第二节 奥尔夫音乐教学法

一、奥尔夫生平简介

卡尔·奥尔夫（1895～1982），德国当代杰出的作曲家、音乐教育家。1895年7月10日生于德国慕尼黑一个具有浓厚音乐氛围的军人世家。父母良好的音乐修养和富有艺术氛围的家庭环境对他日后所从事的事业产生了深远的影响。奥尔夫5岁起随母亲学习音乐，上小学后，对语言、诗歌有很大的兴趣，古典语言学、文学课和论文写作的成绩总是名列前茅。

从少年时代起，奥尔夫就显露出强烈的创作欲望和探求精神，曾尝试创作歌剧，并写了许多乐曲。1914年奥尔夫毕业于慕尼黑音乐学院。第一次世界大战前，慕尼黑是音乐、歌剧和戏剧中心，这使奥尔夫在很小的年纪就耳濡目染。其中，他最喜欢的是戏剧。战争结束后，奥尔夫在地方歌剧院任职，这使他有机会接触大量的歌剧和戏剧音乐。20世纪初，达尔克罗兹的著作和音乐教育思想、方法流传于全世界，影响到欧洲。著名舞蹈教育家、设计家拉班和他的女学生维格曼的作品对艺术界和教育界产生了巨大的影响。维格曼创造了一种新的现代舞，青年手弹吉他，赤足跳舞。受达尔克罗斯体态律动和现代舞表演的影响与启示，奥尔夫产生了将音乐与舞蹈结合在一起，创造一种具有原始风格，富于表现力和主动精神的新型音乐的想法。

基于这种想法，1924年，奥尔夫和达尔克罗兹的学生多罗西·京特在慕尼黑建立了一所集体操、音乐、舞蹈为一体的"京特学校"。由京特主持校务和所有理论科目，奥尔夫则负责所有的音乐课程，着手践行他的音乐教育原理。

在奥尔夫的音乐教育中，"即兴创作"成为教与学的中心，强调使用身体的不同姿势和动作，来促使学生体验感受节奏的内在关系，增强内心体验与外在运动的协调感，这就是他所谓的"人体乐器"或"声势"。为了支持这样的教学活动，同时建立一种适合的乐器配置，并在音乐与舞蹈相结合的教育上，做了许多创造性和实验性的工作，引起了巨大的轰动。

1944年，京特学校由于政治压力而倒闭。虽然如此，奥尔夫的音乐教育改革思想并未泯灭，他在京特学校的研究与尝试，为他日后倡导的"以语言、音乐和动作为一体"的整体教学观念奠定了基础。奥尔夫在脱离教育领域之后，便重新回到他的创作中，发挥他的创作才能。虽然在1948年他重返音乐教育领域，其事业又有更大的发展，但是他的音乐创作并没有停止。

1948年，奥尔夫的好友在一个偶然的机会，发现了奥尔夫与凯特曼在京特学校时创作的一段为柏林奥运会录制的舞蹈伴奏带。好友将此推荐到巴伐利亚广播电台的《学校节目》专栏播出。节目播出后，引起了很大的社会反响，获得巨大成功。由此奥尔夫又开始了新的音乐教育工作，这次工作的主要特点，就是强调作为儿童的音乐教育，最根本的就是从孩子出发，适应孩子的特点。1949年，莫扎特音乐学院院长聘请凯特曼到奥地利萨尔茨堡莫扎特音乐学院开设和规划奥尔夫儿童音乐训练课程，由凯特曼任教，开始了一个儿童班的试验。这是第一次按奥尔夫的理想进行的全面教学。很快《学校音乐教材》也成为音乐教师综合素质训练课程内容的一部分。

1953年，莫扎特音乐学院开始为音乐教师提供这类课程的教学。从此，以萨尔茨堡为基地，奥尔夫教育体系通过许多的表演、会议，开始被介绍到世界各国。自20世纪50年代以来，奥尔夫的音乐教育事业在各个方面获得很大的发展。1962年奥尔夫和凯特曼到加拿大、日本等国做示范教学及演讲，立刻在这些国家掀起了奥尔夫热潮。1963年，奥尔夫研究所在萨尔茨堡成立，这是一所专门的研究与培训机构，是世界上所有研究、交流这种教学法的一个中心和平台。1968年又在此基础上成立了奥尔夫学院，奥尔夫亲任院长，目的是向来自五大洲的各国学员传授奥尔夫音乐教育体系。至此，奥尔夫的音乐教育思想和教学技术迅速在德国和世界各地传播，并被认为是世界近现代音乐教育改革中最重要的教育体系之一。

奥尔夫的贡献在于"他创造了一种理论和实践体系，使儿童能够从最自然的方式进入音乐世界的一切领域并从中获得最完整、最全面的音乐体验。他创造的体系可使儿童们有机会获得更多的关于交流、分享和共同创造的愉快体验。同时，奥尔夫和他的继承者还在音乐教育内比较系统地探讨了近代教育所共同关心的有关儿童的个性、社会性、创造性发展的一些实际问题，为音乐教育的未来发展开创了具有重要意义的新思路"。[①]

二、奥尔夫音乐教育思想形成的背景

奥尔夫出生在一个有着良好音乐传统和音乐大师辈出的国家，贝多芬、巴赫、莫扎特等都来自德国，表现主义音乐大师勋伯格、贝尔格和韦伯恩也出生于德国。因此，这些经典的音乐大师对奥尔夫都产生过重要的影响，对其音乐风格的形成也是影响深远。20世纪初，欧洲非常盛行体育、体操和舞蹈的结合，达尔克罗兹的音乐思想在当时广泛流传，达尔克罗兹和玛丽·维格曼创生的"新德国舞蹈"与奥尔夫所从事的工作也有着密切的联系，这也使其产生了浓厚的兴趣并思考如何把动作与音乐艺术教育融为一体。

同时，20世纪20年代初，在欧洲兴起了一种"回归自然"[②]的运动。这种歌与舞的新风格和结合方式，给了奥尔夫很大的启示。他不主张世界要以欧洲的音乐为中心，他认为，音乐的进一步发展必须另辟蹊径。"京特学校"的建立使这种教育思想得以实验。奥尔夫在学校里建立了一种新型的节奏教育模式，这种节奏成为音乐教育中的基本要素之一，并与音乐、舞蹈、体操、语言等紧密结合、相互补充。为了配合这种节奏教学，奥尔夫发明了影响世界音乐发展的奥尔夫乐器。1950～1954年他陆续出版了《儿童音乐教材》五卷本，从此逐渐形成了新颖独特的奥尔夫音乐教育体系。这套教育体系和方法首先在德国被广泛采用，后来通过1961年在奥地利成立的"奥尔夫学院"，采用教师进修培训或举办国际学术会议等多种交流的渠道，逐渐传播到世界各地，扩大了国际影响，并为各国培养了大量的师资，使奥尔夫教学法在各国开花结果。

三、奥尔夫音乐教育思想及理念

从音乐产生的本源和本质出发，即"诉诸感性，回归人本"，这是奥

---

① 许卓娅.学前儿童音乐教育[M].北京：人民教育出版社，1996：71.

尔夫音乐教育的基本理念。奥尔夫认为，表达思想和情感是人类的本能欲望，它们通过语言、歌唱（包括乐器表演）、舞蹈等形式自然地表现出来，自古以来就是这样，这是人类与生俱来的能力。音乐教育的首要任务就是不断激发和增强这种本能的表现力，而演奏得好坏并不是最终的目的。

（一）奥尔夫音乐教学法强调艺术教育的综合性

它把语言、律动和音乐教学相结合，通过节奏朗诵、拍手跺脚等人体乐器、音乐游戏、歌唱、舞蹈、绘画、演小剧、演奏奥尔夫乐器等多种形式，使儿童不仅能兴致勃勃地参与音乐活动，而且能整体提高语言能力、理解能力和表演能力。

（二）奥尔夫音乐教学法鼓励儿童的创新精神

音乐活动中有大量机会让孩子即兴创作，创新求异。特制的奥尔夫乐器使儿童能迅速在乐器上表述音乐的构想，享受创作的乐趣。

（三）奥尔夫教学法强调本土化

奥尔夫的教育思想能与当地文化遗产完美结合，这也是奥尔夫教学法能迅速传遍世界的重要原因之一。在进行奥尔夫教学的同时使儿童继承本民族的文化遗产，这一设想有着美好的前景。

（四）关注孩子内心世界的开发

奥尔夫教学法最大的特点就是关注儿童内心世界的发展。在这样的学习中，孩子们不会把学习音乐视为一种负担或功利，而是全身心地投入到音乐的世界中，运用自己的身体和语言，自由诠释乐器，用独特的方式表达内心世界。当音乐成为孩子自己的需要时，孩子对乐理、乐感、演奏、表演、语言文化的掌握自然是轻松、快速且根深蒂固的。同时强调创新精神的塑造。在课堂上，孩子们用蛙鸣模仿秋天夜晚青蛙的声音，用腕铃来形容春天的细雨，并使用语言和拍打肢体来解释节奏，尤其是当一群孩子一起执行不同部分时，悦耳的交响曲就诞生了。奥尔夫的音乐给孩子们提供了无限的发展个性的空间，在集体表演中也给孩子们培养了一种集体意识和合作精神，使课程更加有趣和有意义。

四、奥尔夫音乐教学法的主要特点

（一）原本性

众所周知，奥尔夫音乐教学法是当今世界上最著名、最具影响力的三大音乐教育体系之一。作为一种原本性的音乐教育，它作为一种音乐教育和教学的形式，鼓励学生亲自参与。在这种音乐教学中，学生不仅作为听者主动参与，而且作为表演者主动参与。在音乐教学活动中，学生会边唱歌，边跳舞和演奏音乐。这种灵活的参与方式很容易激发幼儿对音乐的兴趣，避免了学生被动地接受音乐，真正做到寓"乐"于"乐"的教学效果，最大限度地满足了儿童的心理发展需要。

奥尔夫的音乐教学方法是由音乐元素所传授的。教学中的每一课例都有自己明确的音乐元素的教学目标，如感受声音的力度、速度、旋律的高度、音色的变化和调性的变化等；教学方法中所采用的发展模式，如在一粒种子（一种元素）的基础上不断添加新的音乐元素和表现方法，从而使小小的种子生根发芽并逐渐成长为"一棵枝繁叶茂的参天大树"[①]。

这一切都说明，音乐教育离不开音乐元素。奥尔夫音乐教育为了让参与者有兴趣地参与到活动中来，非常强调游戏化，但最终的教学目标都是落在某一个或几个音乐元素上。

（二）即兴性

"所谓即兴，是指作家因受某一外在刺激或内在冲动的作用，兴会来临，在文字操作中迅速地创造出来某种作品的情况。"[②]

即兴是奥尔夫教学中一个非常重要的概念。它贯穿于每一个音乐元素的学习中，对节奏、旋律等的即兴创作，可以表现为多种形式。奥尔夫认为，运用即兴创作会大大减轻学生的紧张感，如节奏、语言、演唱、乐器等。还可以根据具体的教学过程建立即兴环节，实施过程灵活有趣。即兴是一种有目的的即兴创作，是在一定的音乐整体框架内的即兴创作；即兴创作需要明确的目的，同时给予学生充分的自由展示空间；它是一种由环境激发和技术技能支持的即兴创作，一种有感而发的感觉的即兴。奥尔夫曾说："我追求的是通过学生自己奏乐，即通过即兴演奏设计自己的音乐，

---

① 任华.奥尔夫音乐教学法特点 [J].乐器，2009（7）：32-35.
② 陈蓉.音乐教学法教程 [M].上海：上海音乐学院出版社，2013：85.

以达到学习的主动性。"

奥尔夫的音乐教学方法不仅是一种具体的音乐教学方法，而且从理论原则和指导思想上来说，奥尔夫的音乐教学方法是一种非常完整的教育体系。它的特点是"元素性音乐教育"，与"传统"教学法和其他各种外国音乐教学方法有明显区别。就像"奥尔夫音乐风格"一样，它形成了自己的独特性。奥尔夫的音乐教学没有教学大纲，也没有分级要求。它的基础教材不需要一个接一个的作品，而是按照音乐语言发展的顺序逐渐进步。奥尔夫的音乐教育体系要求，从教师的教学到演奏和乐器的制作，即使是最简单的，也必须具有艺术价值。换句话说，奥尔夫的教育体系看似简单，但对教育质量的要求非常严格，在各个方面都有自己的艺术标准。因此，不难看出奥尔夫的音乐教学方法并不是一个固定封闭的"框架"。它的内容和方法是鼓励和激发创造力，不断创新和前进。奥尔夫的音乐教学方法充满了开放性和生命力。

（三）综合性

为了给孩子提供全面、丰富、综合的审美体验，奥尔夫的教学采用了综合性的形式。也就是说，整个教学过程贯穿两条主线：一是不断地添加和改变音乐元素，如拍子、节奏、调式、和声等；另一种是通过唱歌、演奏、朗诵、节奏感、舞蹈等实践方法来丰富音乐的表达。最后，两条主线结合在一起，形成一棵郁郁葱葱的参天大树。奥尔夫音乐教育最全面的表现是奥尔夫在学生时代对戏剧艺术的迷恋。这种艺术形式往往是用语言、乐器演奏、表演、歌唱、舞蹈等，把音乐学习技巧与其他各种艺术形式结合起来。此外，学生还可以在音乐和戏剧的准备中设计服装、制作道具、搭建舞台等。

奥尔夫认为音乐是一门综合性的艺术，是集动作、舞蹈和语言于一体的有机整体。它是人类的一种本能，它起源于生命之初，接近于土壤，是人类灵魂最自然、最直接的表现。奥尔夫的音乐教学方法遵循了儿童音乐教育和身心发展的规律，符合儿童音乐发展的理念。根据儿童的实际接受能力，运用各种音乐媒体对儿童进行全面的音乐训练，体现出明显的全面性。

（四）参与性

奥尔夫教学与传统音乐教学方法的不同之处在于，奥尔夫音乐课堂中的每个孩子都是表演者和参与者。几乎每一节课都有一个创造性的活动，每个孩子都能积极参与。在美国，即使是一个小动作的创造，对孩子们也有无限的吸引力。他们会投身其中，然后他们会为自己创造的成功感到高兴和自豪。奥尔夫认为音乐是孩子成长过程中不可缺少的一部分。它与语言和数学一样重要。奥尔夫音乐教育的目的不是培养音乐家，而是提高民族的音乐素养，提高人们的综合素质。为此，奥尔夫创作了许多适合儿童演奏的器乐合奏作品。这些作品风格简单，旋律优美，表演技巧单一，在课堂教学中孩子们可以在短时间内学习和完成。所以我们说：奥尔夫的音乐教育是每个人都能参与的，而不是让一些人望而却步的音乐教育。

（五）多元性

在奥尔夫看来，音乐是没有国界的，任何国家或民族的音乐作品都可以用来开展奥尔夫的音乐教育活动。因此，各国的奥尔夫教学法的教师在教学过程中，不仅注重奥尔夫音乐教材的学习，而且注重本国本民族文化的传播和对外国文化的借鉴。课堂上的歌谣、音乐、舞蹈、游戏可以来自不同的国家和地区，有着不同的文化内涵和故事背景。教师在向学生传授这些音乐、舞蹈和游戏的同时，也在向学生传播丰富、多元、包容的音乐文化。如日本歌谣《大鼓和小鼓》、芬兰手指故事《两个好朋友》、中国民族舞《阿细跳月》等都是奥尔夫音乐教育的题材。

五、奥尔夫教学法在实践教学中的应用探索

奥尔夫先生这种音乐教育手段独创的特色与风格就是"元素性"。元素性即指最基本、最原始的音乐元素，因此又被称为原本性音乐。元素性音乐指的就是属于非常基本的元素的音乐，原始起点的、原始素材的音乐。这样创作出来的旋律是最贴近生活本真的，是我们任何人都可以自己亲身体验的，是适用于低年级学生的。因此，奥尔夫教学中采用的都是那些最"基础的""原本的""原始的""最适用于小孩子音乐启蒙的音乐"。

奥尔夫的音乐教学方法可以适用于不同的音乐教学。以钢琴教学为例，节奏训练是学生在学习钢琴演奏和钢琴教学过程中必须完成的一项基

本任务。让学生真正用心地去感受自己理解的节奏和速度，从最基本、最重要的音乐感知开始训练。虽然不同的钢琴作品有不同的旋律，但我们可以用相同的节奏练习。

音乐教学离不开语言教学。这是奥尔夫音乐教学方法针对节奏训练的独特创新。语言和音乐是密切相关的。语言教学可以使我们的学生更容易地了解音乐的节奏，了解汉字的含义，可以让我们的学生更生动地理解学习节奏。因此，我们可以用汉字作为发音的注音，从学生熟悉的城市名称或电影名称开始，完成旋律的节奏练习，进行组合节奏。同样，在他们学习一段相对简单的钢琴音乐之前，他们也可以训练钢琴音乐中所包含的音乐的节奏。每个人都用自己的身体作为乐器，拍腿、拍手、跺脚等来表达不同的音乐，也可以使用身体的不同位置来完成节奏。这不仅提高了他们学习音乐知识时的兴奋感，也锻炼了他们的音乐节奏感。

奥尔夫先生的学校音乐教育方法中最吸引人、最核心的部分就是创造力，而创造力在其中有着非常重要的地位。在培养小学生钢琴学习的创造性思维方面，基本上每个小学生在刚开始学习钢琴的时候，都有在琴键上"乱弹琴"的爱好。通过对这一现象的仔细了解，我们很容易发现，当他们在钢琴键盘上"自由弹奏"的时候，他们是非常快乐的。要激发他们发挥自己的自由个性，迸发出不同的情绪和感受，培养他们的创新能力。这样，不仅可以增加他们弹钢琴的乐趣，而且可以训练他们的音乐和艺术表现。例如，我们可以布置家庭作业让他们弹出泉水叮咚的声音，让每个人充分发挥自己的想象力，单独设计和表达自己的旋律，该方法结合创造性教学允许他们即兴发挥，在音乐教学的过程中积极参与，更加增添了他们刚开始学习钢琴时的动力和兴趣！

第三节 达尔克罗兹音乐教学法

一、达尔克罗兹生平简介

埃米尔·雅克·达尔克罗兹（1865～1950）是瑞士著名的作曲家、音乐教育家。达尔克罗兹出生在维也纳一个富足的商人之家。母亲尤莉是一位音乐教师，非常注意培养儿女们学习艺术的兴趣。在他早期的生活和教育中，母亲给了他充分的音乐熏陶，使他从小就热爱音乐。

　　1881 年达尔克罗兹从日内瓦的小学毕业后进入了一个附设有两年大学预科的中学读书。这期间他同时在日内瓦音乐学院学习钢琴和作曲，参加乐队活动。16 岁时参加了当时的文学戏剧俱乐部，积极从事各种戏剧、音乐活动，和许多文化艺术名人有过密切交往。这些经历都对他后来艺术教育思想的形成、教育方法的创新具有积极的影响。

　　1883 年进入日内瓦大学，但他只学习了一年的基础课就离校了，因为入学时没有想好到底向哪个方面发展。一年后，他来到巴黎，决心学习戏剧。在巴黎，达尔克罗兹参加了法兰西喜剧院的工作，同时学习音乐。当时他想拜福雷为师学习作曲。

　　1886 年，达尔克罗兹应邀到了北非的阿尔及尔，接触了阿拉伯音乐。他对阿拉伯音乐中复杂的节奏十分敏感，也感到困惑。从阿尔及尔回来后，他决定到维也纳音乐学院继续深造。

　　1887 年，达尔克罗兹随父亲到维也纳，经过严格考试，他进入了安东布鲁克纳的作曲班。布鲁克纳的教学很严格、方法很传统，达尔克罗兹常与之发生些小冲突，后来转入阿道夫·普罗斯尼兹的作曲班。在这期间，他深入研究过巴赫、贝多芬、瓦格纳等作曲家的作品。

　　1889 年，他又考入巴黎音乐学院，终于进了福雷的作曲班，同时师从著名作曲家德里布。

　　1892 年达尔克罗兹完成学业后回到日内瓦音乐学院教授音乐史、和声、高级视唱练耳等课程，也从事了大量的音乐创作活动。1893 年发表了第一部歌曲集，其中很多歌曲马上被广泛传唱。达尔克罗兹一生中创作了一千首左右的歌曲、多部歌剧和钢琴曲、小提琴协奏曲、室内乐等，是一个多产作曲家。

　　1894 年达尔克罗兹出版了视唱练耳教科书《实用音准练习》，并以此为起点，开始了对体态律动教学方法的实验、探索。其教育观念因此逐步确立，教学方法逐渐完善，并得到不断发展、传播。

　　1905 年达尔克罗兹在瑞士作曲家协会的会议上，首次展示了他的教学改革成果，使得当时的瑞士音乐家们大为震惊，敦促他出版研究成果，推广他的教学方法。

　　1906 年出版了由五个部分组成的《达尔克罗兹体态律动教学法》。该书的出版问世，在当时产生了巨大的反响。达尔克罗兹的整体教学方法，既得到了广泛的支持，也受到了激烈的反对，有些人难以接受他给传统教育所带来的巨大冲击。达尔克罗兹为此进行了艰苦的斗争，并取得了胜利，先是在国外获得承认，最后瑞士政府也不得不认可。

1910 年是他事业发展的顶点。在德国的赫勒劳建立了实验、应用达尔克罗兹体系的研究所，吸引了各国的艺术家、教师前来学习。达尔克罗兹体态律动的教学方法也进一步扩大到和舞蹈、戏剧艺术相关的领域，在国际上引起广泛重视。许多评论认为他重新发现了艺术，找到了古希腊艺术精神的本质。

1912 年达尔克罗兹带领学生前往英国，在伦敦、曼彻斯特等城市开办讲座、演示教学，引起了当地音乐界和音乐教育界的极大关注。1913 年在伦敦开办了达尔克罗兹体态律动学校，并相继在巴黎、柏林、维也纳、斯德哥尔摩、纽约等地也建立了这类学校。

第一次世界大战的爆发中断了达尔克罗兹的工作。他从赫勒劳回到日内瓦，第二年在日内瓦建立了"达尔克罗兹学院"。1919 年发表了《韵律、音乐和教育》，1930 年发表了《体态律动、艺术和教育》等著作。

1950 年 7 月 1 日，再有 5 天就是达尔克罗兹 85 岁生日，他在日内瓦逝世。他去世时，日内瓦全市人民非常悲痛，后来日内瓦政府授予他"荣誉市民"的称号，1958 年还命名了一条繁华的大街为"达尔克罗兹大街"。

达尔克罗兹逝世后，他的教育体系进一步得到发展。在纽约、伦敦、布宜诺斯艾利斯、多伦多、莫斯科等地纷纷进行实践，并发展他的教学方法。他的体系为后来的音乐教育家树立了典范，也影响到奥尔夫教学法和柯达伊教学法的形成，具有创新和先导的意义。1965 年，在瑞士举办了非常隆重的纪念达尔克罗兹 100 周年诞辰的活动，并建立了达尔克罗兹纪念馆。

二、达尔克罗兹音乐教育思想形成的背景

（一）萌芽阶段

1865～1875 年这十年间，优质的家庭环境和优越的社会条件为达尔克罗兹提供了广泛参加音乐活动、深刻了解音乐本质、深入接触音乐家和直接接受专业音乐教育培养的机会。在中学读书期间，他便积极参加乐

队、作曲、戏剧、钢琴、舞蹈等表演活动，并与众多艺术名人、文化学者交往甚密。因此，大量的实践经历和舞台经验为他日后钻研并形成自己的教学法、教育体系、教学思想提供了不可或缺的原始积累和创作源泉。1884～1894年这十年间，达尔克罗兹来到了巴黎的法兰西喜剧院，参加工作并学习戏剧音乐；之后在北非的阿尔及尔苦心研究阿拉伯音乐中的复杂节奏；1887年就读于作曲班期间深入接触并研究了巴赫、贝多芬、瓦格纳等音乐家的作品；两年后顺利考入巴黎音乐学院的福雷作曲班继续作曲方面的深造。毕业后在日内瓦音乐学院从事和声教学、高级视唱练耳、音乐史等课程，并出版了他的第一部歌曲集和视唱练耳教科书《实用音准练习》。

（二）探索阶段

1902～1912年这十年间，达尔克罗兹在日内瓦音乐学院的日常教学过程中，学生们长期对于节奏机械而又含糊的反应激发了他试图探索解决这一问题的决心。他试着将一位学生平时走路的律动感加入课堂教学中，也就是随着音乐身体可以自由地、充满想象地做各种运动，学生们在即兴的律动中乐此不疲。即使是教学实验被迫停止也未能阻碍他在教学法探索方面的努力，1905年的瑞士作曲家协会会议，教学实验成果的首次展示震惊了当时的音乐界。之后出版的《达尔克罗兹体态律动教学法》，一经问世便得到了国内外的普遍认可和应用，之后的几年间，他继续专心致力于教学法的探索与推广，先后在德国、英国、法国、奥地利、美国等地进行教学展示和讲座，并开办达尔克罗兹体系研究所和达尔克罗兹体态律动学校，长期的探索与实践得到了国际的认可和国内外各界艺术家和教育家的关注与学习。

（三）确立阶段

1914年直至他人生结束的36年里，达尔克罗兹始终坚持着教学法的确立和推广工作。1915年，日内瓦市中心建立"达尔克罗兹学院"，院内课程设置分为专业、非专业课程，既为专业人士提供学习与研究平台，又为幼儿、青少年、成年人、老年人以及社会各界爱好者提供不同程度的教学课程；1919年发表的《韵律、音乐和教育》和1930年发表的《体态律动、艺术和教育》等著作至今还是经典文献。1950年，达尔克罗兹的一生在世界人民的敬畏与祝福中华丽谢幕，而以他名字命名的教育体系却在世界各个范围散发着耀眼的光芒。

三、达尔克罗兹音乐教育思想及理念

（一）体态律动

达尔克罗兹曾经说过："人类的情感是音乐的来源，而情感通常是由人的身体动作表现出来的，在人的身体中包括发展感受和分析音乐与情感的各种能力。因此，音乐学习的起点不是钢琴、长笛等乐器，而是人的体态活动。"

他的观点来自自己的音乐教育实践。作为日内瓦音乐学院的教师，达尔克罗兹在教授和声视唱和耳朵训练的过程中发现，学生的演奏技巧往往与他们内心的音乐情感脱节，缺乏对节奏细节的理解和表现。为了解决这个问题，达尔克罗兹做了一系列的实验。他从探索运动与心理的关系入手，为学生设计了各种各样的新练习，将听觉训练、视觉歌唱、读、写乐谱等活动结合起来，认为身体的反应和动作是结合在一起的。在音乐的学习和体验中，首先要培养身体的放松和自然。只有放松身体，身体的肌肉运动才能轻松、快速地实现大脑的愿望。处于自然自由状态的人体动作可以成为音乐表演媒介的有机组成部分，因为音乐的节奏和强度的表现是依靠身体的动作来实现的。因此，人类运动与音乐之间存在着一种内在的联系，而且关系密切。由此，达尔克罗兹创造了体态律动学。

体态律动是训练身体对音乐做出反应的练习。它能够训练学生在听音乐、感受音乐时，根据音乐的速度、力度、分句、情绪变化等，有节律地做出各种幅度和力度的动作，表达出音乐的情感。根据他的看法，音乐的本质在于对情感的反映，而人是通过自身的运动将内心的情感转译为音乐的，人体本身就是乐器。

节奏训练是体态律动的中心，其节奏包括速度、力度、重音、节拍、休止、节奏型、乐句、单声部曲式（乐段、主题、主题与变奏等）、切分、赋格、复合节奏等，打破了一般人认为节奏只是数拍子的刻板印象。达尔克罗兹曾经说过，所有的节奏都是运动，所有的运动都是物质的运动，所有的运动都需要空间和时间，儿童的运动是纯身体运动和无意识运动，身体的体验形成意识，身体运动的完善产生清晰有序的智能知觉，控制运动

就是培养有节奏的心理。所以，他的结论是，身体是节奏体验的第一位载体。要把节奏作为音乐教育中的一种特殊力量，把人体的运动作为理解音乐的外在表现。其具体教学思路简单来讲就是将音乐表现中的音响力度、速度、音色的对比、变化等要素与儿童运动时的能量、空间、时间等各种要素相互融合，使他们具有联系和体验音乐情绪的能力。

体态律动强调的是对音乐的体验和感受，与体操和舞蹈有本质的差异，它从根本上服从音乐的指导。

（二）视唱练耳

达尔克罗兹曾经说过："一切音乐教育都应当建立在听觉的基础上，而不是建立在模仿和数学运算的训练上。"良好的听觉是接受音乐教育最重要的禀赋，通过结合体态律动的方式可以帮助儿童发展听觉和记忆能力，培养绝对音感，发展内心听觉。

（三）即兴音乐

因为达尔克罗兹设计的课程强调即兴反应训练。因此，对实施这类课程的教师也提出了更高的要求。教师在教学过程中必须具备相应的快速即兴能力；具备准确地听、识、视能力；他们应该尽可能多地记忆民歌、童谣及具有戏剧效果的曲调；应该能够随心所欲地使用即兴音乐来激发、指导和促进儿童的行动表达。通过听音乐张力的变化和配合音乐，让孩子运用不同的自由想象动作，感受和表达这种变化。综上所述，我们可以发现，今天的即兴创作音乐不再仅仅是即兴创作的钢琴曲，它已经成为教师利用各种教学手段，如各种乐器、人声和身体皆可为表达创作的媒介，伴随音乐学习的各个环节、整个过程，培养想象力、创造性的教学实践活动。即兴的音乐活动可以从孩子学习音乐的第一天就开始进行。在活动中，大人要善于启发和诱导，让幼儿进入这种状态，激发他们的学习兴趣，最终使他们在自发、自然的情绪中创造自己的想象和表现。这就是即兴音乐活动的目的。从实践中可以看出，即兴音乐活动在儿童音乐潜能的开发和训练中有着无限广阔的发展前景。

四、达尔克罗兹音乐教学法的特点

（一）音乐性

达尔克罗兹音乐教学法又称体态律动教学法，其最主要的特点就是它的音乐性。体态律动教学让学习者在聆听音乐的同时以身体的运动来解释音乐的各表现要素，体验音乐表达的情感，以加强对音乐的理解和感受。而由音乐伴奏、受音乐启发产生的身体运动则显得极富乐感、合乎节律，与音乐配合得非常协调。

达尔克罗兹在谈到体态律动与健美体操和舞蹈的区别时曾强调指出："体态律动的训练不是模仿动作，它不注重身体姿态或外表形式，而是要将再现音乐所必需的要素融化于我们的身心，要发展对音响节奏和身体节奏的通感，要达到能用我们的官能直接反映情感。"[①]

因此，体态律动最突出的特点就是以音乐为主体，这与以动作为主要表现形式的体操和舞蹈是不一样的。

（二）实践第一，体验先行

达尔克罗兹法强调经验先于抽象，第一件事是教会儿童运用他所有的感官参与体验，第二件事是教他们去获得认知和见解。体态律动即是以学生接受音乐经验为主的音乐学习。在体态律动课上，教师讲解少，学生听音乐多。首先用音乐刺激听觉，产生印象，再以动作表现音乐，让概念在身体运动中自然生成，最后才是通过音乐符号，即读谱，将概念提升为理性知识。因此，虽然体态律动教学所涉及的内容和基本乐理课大致相同，但强调实践为先、经验为先，与传统的单一理论知识讲授的音乐理论课程有很大区别。

（三）游戏化

达尔克罗兹的节奏运动唤醒儿童音乐本能的教育观是以音乐与人体的关系为前提的，相信儿童的音乐潜能，重视儿童的天性和兴趣，以适合儿童的方式与儿童愉快地合作。因此，他要求身体节奏教师尽可能地将儿童周围世界的自然身体节奏运动引入教学，特别是在游戏活动中，以游戏为

---

① 杨立梅，蔡觉民.达尔克罗兹音乐教育理论与实践 [M].上海：上海教育出版社，2011：92.

主要的教学方法，是十分符合儿童身心特点的。利用游戏活动营造活泼的学习氛围，让孩子保持愉快的心情和良好的自我意识，让孩子在游戏的过程中更好地发挥想象力和创造力，唤醒孩子的音乐意识和音乐本能。

　　游戏化的体态律动课例在达尔克罗兹教学法中随处可见。例如，猫和老鼠游戏：学生分成两组分别扮演猫和老鼠，听到教师奏八分音符时就模仿老鼠的动作跑步，听到四分音符时就模仿猫的动作跑步，比较四分和八分的不同节奏时值。

（四）能量、空间、时间的结合

　　达尔克罗兹认为，身体动作的完成是肌肉能量、空间、时间的综合结果，是三者的完美结合。也就是说，在音乐的时间流动中，依赖身体的运动能量（用力的强度），用具有一定幅度、高度、方向和空间动作来表现音乐的构成要素。要想准确地做出有节奏的动作，就需要正确把握时间、能量、空间的比例和关系，找到一种平衡感。例如，在表达快节奏音乐时，使用的强度较小，活动空间也较窄；在表达强烈的音乐时，应使用较慢的速度，使用较大的活动空间。当然，也有很多例外。在变化和平衡的体验中，学生可以逐渐灵活地控制自己的身体动作，很好地表达流畅的音乐。达尔克罗兹在探索空间中研究运动的存在，这也是他对音乐教育的主要贡献。

（五）强调注意力的集中

　　体态律动旨在构成身体与精神（思维）之间信息传递、自由转换的密切联系，发展大脑与身体的协调性。

　　因此，训练集中注意力的能力是极其重要的。因为只有当精神高度集中的时候，身体才能被控制，让身体听从大脑的指令，快速地反映它听到的音乐，并把它转化为符合音乐要求的行动。体态律动教师要时刻注意学生是否集中注意力。如果发现学生有松懈、注意力不集中等情况，应立即改变教学方法或内容，让学生长时间集中注意力，保证姿势和节奏训练的效果和质量。

（六）强调即兴的反应

　　体态律动教学最有价值的部分是大脑与身体之间信息传递的发展和神经系统的警觉协调反应能力。而这种反应训练主要是通过即时反应活动来进行的。达尔克罗兹的教学内容和方法有很大一部分是以即时反应的形式体现出来的。目的是通过锻炼思维与肌肉的协调能力，促进学生大脑功能的发展，加强对身体的控制，锻炼敏捷思维，以及快速反应的能力。

强调学生的即兴动作反应，对教师的音乐造诣和素养提出了很高的要求。体态律动教师需要具备准确地听辨和视奏技能；尽可能多地记忆有节奏的句子、有旋律的短语、民歌、童谣及具有戏剧效果的曲调，尤其要有良好的即兴创作能力，才能自由创作出合适的音乐，激发和促进学生的表达。

我们可以从多角度去探讨体态律动教学的特点，但无论是哪个角度，都要遵循一个共同的原则，那就是达尔克罗兹曾多次强调指出的，"音乐是情感的直接反应，律动仅仅是用来为自动化表达情感的音乐的运动和力度层次的载体"①。

五、达尔克罗兹教学法在实践教学中的应用探索

达尔克罗兹的体态律动就是用一系列的身体动作引导学生理解音乐中蕴含的情感，增加学生学习音乐的兴趣。例如，对于一首钢琴作品来说，学生从一开始练习就不容易理解作品的整体结构，也不容易理解什么是和声的织体和调式。这种高难度的音乐理论对比较年轻的学生来说，理解起来并不容易，但是如果使用这些非常生动的身体动作，在音乐的旋律进行时由学生自己做肢体律动来展示，如蹲下或者站起等，则能够使结构非常明显，因此，学生可以更加容易地理解这首歌本身的意义。在音乐作品中，音乐的力量和线条都是通过学生的身体动作来表达的。这种亲身体会的学习方式会让我们的学生学习的知识更加牢靠。

根据达尔克罗兹教学法的特点，我们可以设计一堂钢琴教学课让它和钢琴教学结合起来发挥作用。相对刚开始学习钢琴的学生来说，为了使其能够更加快速高质量地学习这首曲子并且掌握，那教师就要根据情况来上课，在钢琴教学大课的时候让同学们先观看其他钢琴家弹这个曲子的视频，然后再安排两个同学（如果是小课，学生和教师配合表演也行），一名同学表演高声部，另外一名同学表演低声部，如果在高声部有非常密集连续的十六分音或三十二分音，表演高声部的学生（或是老师）就站起来

---

① 尹爱青.对体态律动教学中动作意义的再认识 [J].中国音乐教育，1991（3）：6-9.

用摇摆的动作来表示，而表演伴奏声部音乐的学生（或是老师）就要蹲下来用摇摆表示音乐特征，从而和高声部分离开，到此一首曲子完成后，整首乐曲的结构就非常明显地呈示给大家了。而且，这个教学模式并不是仅仅能够用于钢琴乐曲的教学，相对于其他类型音乐艺术作品的学习，歌曲中形象的展开等，都可以灵活运用，比如，《谁不说俺家乡好》是一个特别优美动听的歌曲，教师在教会学生学习这首歌曲的时候，仍然能够运用这个达尔克罗兹教学法，比如，学生在表示音乐中有颤音的部分时，他们就能够凭着各自的生活经验、音乐积累等，通过把胳膊不停地来回左右抖动来显示歌曲旋律中的颤音部分，又比如表演歌曲旋律中的波音时或者回音时可通过胳膊弯曲来回做出海浪起伏的状态来表演。

第四节　铃木音乐教学法

一、铃木镇一生平简介

铃木镇一（1898～1998），日本小提琴演奏家，音乐教育家，音乐博士，音乐教育教授，"铃木小提琴教学法"的创始人。他出生于名古屋一个乐器制造商的家庭。铃木镇一于 1915 年毕业于名古屋商业学校，学校的校训"人格至上，技术次之"一直深深铭刻在青年铃木的心里，并成为他一生中生存之道的明灯。在校学习期间，他每年都到小提琴工厂劳动。1920 年留学德国，在柏林跟克林葛勒学习小提琴，其间在与大物理学家爱因斯坦的交往中，在艺术思想、教育思想和人格方面受到很深的影响。1928 年回国担任讲师。1944 年后，通过教幼儿演奏小提琴的方式开展并领导了日本的"才能教育活动"。到 20 世纪 50 年代已取得显著成绩，在日本接受才能教育的儿童超过 20 万人，他们从三四岁起，就学习用小提琴演奏巴赫、莫扎特等著名音乐家的作品。

1975 年"铃木教学法国际研讨会"在美国召开，到 1981 年已经有 14 个国家参加了研讨会。由于铃木在幼儿才能教育方面的卓越贡献，先后 6 次荣获日本和国际有关组织的音乐奖，并分别荣获美国三所大学名誉博士及日本松本、美国亚特兰大市荣誉市民称号。

二、铃木音乐教育思想形成的背景

世界上任何一种思想的形成、规律的发现、原则的推导，都是理论创始人知识和经验的积累与灵感和智慧相结合的产物。像大多数擅长研究的科学家和哲学家一样，铃木镇一总是对现在发生的事情问"为什么"。正如苹果落地，开启了牛顿灵感智慧的源泉，使这位伟大的物理学家发现了万有引力定律一样，铃木教学法也是铃木的知识、经验和灵感智慧的结晶。从德国回来后的一天，铃木突然发现日本的孩子在五六岁的时候就可以自由地说自己的语言了，而且每个孩子都有很强的语言表达能力。这一普遍现象启发了他，他开始致力于"祖国语言教学法"的研究，分析儿童语言的学习过程，借鉴并创造了儿童小提琴教学法，发展了上述教育运动中的"人才"，并最终取得了辉煌的成果。铃木的教学方法主要针对幼童。它是在良好的家庭环境中，通过孩子的直觉和听觉，以及日常的反复练习来形成习惯的一种教育和训练。铃木镇一将他的教育方法称为"母语方法"。

铃木镇一的音乐修养之扎实深厚自然是毋庸置疑的。他曾先后师从两位小提琴家——日本东京的安藤幸与德国柏林的库林勒，并向作曲家弘田龙太郎学习乐理，向音乐学家田边尚雄学习音响学。这些知识的习得都成为他后来从事音乐教学活动的必要准备。除此之外，铃木还阅读过《托尔斯泰的日记》、培根的哲学著作《随笔集》以及《歌德全集》等书籍。在德国留学时，他又同大物理学家、相对论的创始人爱因斯坦博士与医学家米夏尔教授交往颇多。这些经历都对铃木音乐教育思想的形成起着至关重要的作用。

三、铃木音乐教育思想及理念

（一）母语是打开人类发展奥秘之门的钥匙

铃木相信所有人从出生起就带有巨大的潜力，每个人都有能力在其个体内部发展到一个非常高的水平。虽然每个人都有很大的潜力，但在一个不理想的环境中，他们无法在某些方面发展自己最初的能力。结果，他们在生命结束时仍然处于较低的水平。世界上所有的儿童都表现出了杰出的说和理解母语的能力，从而展示了人类智力的原始力量。因此，这种母语教学法可能是揭开人类发展奥秘之门的钥匙。

（二）爱孩子是教育和教学的出发点

铃木曾说："在没有爱心的地方，人的生命是很难存在的。"在教学中，铃木经常大声地夸奖孩子们，"很好，很好"，然后再补充说"如果把缺点克服掉，就更好了"。当孩子练琴时，家长不应有轻视、失望、扰乱的语气，孩子没有达到要求时，宁可提出再试一遍。铃木反对训斥孩子，他建议：当你为孩子感到很恼火、很难过的时候，最好先不要说话，更不要发火，要默默地忍受着，等到平静了，气消了，再把孩子叫到身边，把道理讲给他听，这比当场训斥孩子效果要好得多。铃木指出："只要抛弃错误的教学方法，无论是什么样的孩子，其能力的幼芽都能茁壮地成长起来，所以说孩子能力的幼芽是被大人掐掉的。"愉快的学习气氛是使孩子形成自信和热情品质的环境基础。

（三）重视教育环境，早期教育是发展儿童特殊才能的关键

铃木曾说："人类是环境的儿子。""声音的环境"是儿童学习语言的第一要素，也是发展音乐才能的第一要素。小孩不是生来就喜欢什么音乐，而不喜欢什么音乐，孩子们在生活的环境中所听到的是他们熟悉的声音。如果爱因斯坦、歌德、贝多芬生长在石器时代，他们的文化水平以及所受的教育不也是石器时代的吗？以此类推，如果我现在教育一个'石器时代'的乳婴，不久他也会像今天的青年人一样，能演奏贝多芬的小提琴奏鸣曲……因此，为了孩子的成长，我们必须从摇篮时期就要培养他们具有宽广的胸怀，高尚的情操和伟大的才能。

铃木的教学方法实验也告诉我们，学习音乐，尤其是器乐，越早学越好。早期学习是儿童特殊才能发展的首要条件。早期学习就像孩子吃饭和说话一样，使演奏乐器自然成为生活中的一部分。学龄前儿童学习钢琴，很少有干扰和紧张，它比起上学后再学习有很大的优势。

另外，从人体生理学的角度来看，这个时候儿童的大脑发育非常快。两岁半儿童的大脑重量相当于成年人的三分之二。在 7 岁时，大脑的重量达到成年人的十分之九。在这个关键的年龄关注孩子的教育和训练，会使一个人的潜能得到充分的发展，甚至成为一个杰出的人才。如果错过了这段时间，智力发展将很难弥补。也就是说，教育越晚，孩子的潜能发展水

平越低，这就是郭沫若先生所说的"天资递减律"。

（四）优秀的教师是成才的重要因素

铃木十分重视教师的水平和作用，他说："莺啼之所以动听，是由于有好的老师。"他让儿童学琴伊始就听世界大师演奏的名曲，从不让听格调低的音乐，并要求学生演奏准确无误，其目的是使孩子们的感觉水平、思维水平、想象力，甚至连同音乐大师的人格特质通过音乐旋律融入孩子们的身心。他强调应请学识渊博、感觉敏锐、道德高尚的优秀人才做教师，以便创造一个最佳的学习环境，影响学生、熏陶学生，把他们培养成一流的人才。

四、铃木音乐教学法的特点

（一）以母语教学为音乐器乐教学的核心

铃木通过观察发现了强化教育法的奥秘。婴儿从降生不久就在开始渐渐地接受外界刺激的同时，使自己的大脑发展起来。母亲千百次地重复教给自己的孩子喊"妈妈"，学习呼唤"妈妈"，可以使孩子受到妈妈的鼓励，从而使其得到满足。这使孩子在学习语言的过程中，能力得到培养。铃木认为，一个人才能的发展是靠外界的刺激或鼓励而形成的，而"母语教学法"正是通过反复诱导，发展儿童能力的一种最有效的方法。他说："所有的孩子只是在学习祖国语言这一点上得到很好的培养。但是，孩子们的美好素质并没有与此同时受到应有的注意和发挥。这件事，真是人类的一个很大的疏忽！"铃木"祖国语言"概念的含义是，音乐才能并非遗传，而是通过环境发展起来的。孩子从生下来就处于语言声音的环境中，假使孩子处于同等程度的乐声包围之中，也同样会发展音乐方面的非凡才能。

（二）创造良好的听力环境

从听觉训练入手，让孩子生活在音乐环境之中。铃木认为，"音乐的耳朵可以在听力训练中得到，而不是天赋或固有的，以后多练习就多出效果。它是人类的适应性在听力训练上的发展。"

为了加强听力训练，铃木选择最优秀的演奏家演奏名曲的音响，反复让孩子聆听，还组织孩子们听专家或成绩好的同伴演奏等方法，以提高其表演、鉴赏、判断水平。除了听小提琴演奏外，还要听其他乐器演奏的同一乐曲，以加深其对作品的领会，丰富听觉想象，引导孩子向更高水平发展。

（三）重视启发孩子学习音乐的兴趣

铃木认为，"对于三四岁的孩子来说，是根本不会有'想学习小提琴'那种念头的，要使孩子不知不觉地产生'我也想玩玩'那样的愿望。""'我也会拉了，我可以和大家一块玩啦！'这种最初的体验对于幼小的生命来说，是多大的喜悦啊。"他建议，孩子们学习音乐应当"在游戏的快乐中开始，在游戏的快乐中引向正轨"。铃木有一整套培养儿童兴趣的方法。从零岁开始听音乐；两岁左右在游戏中接触小提琴，耐心诱发学习意愿；在三岁左右通过比赛激发其争强好胜的愿望，使之努力学习发奋向上。

（四）强化训练

要求技术精益求精，以使孩子的精神面貌同时达到完美的境地。为做到这一点，铃木想出许多办法，变换花样，使孩子们消除由反复练习而生的厌烦情绪。他特别注意使孩子在练习中养成好习惯。他总结道，应该停止那种每错一次校正一次的方法。他主张应重新开始全新的训练，让孩子学习新的行为方式，养成新的习惯。他说："经五千次养成的坏习惯，要用六千次矫正。"当新的行为习惯养成之时，不良行为习惯自然消失。铃木的小提琴教学方法还有一个强化训练的方法，其特征是不间断地回到出发点。小提琴练习是从《闪烁的星》开始的，无论什么时候练习，都要练这支曲子，练几千次、几万次，使其演奏得更熟练、更优美，这样培养了卓越的演奏技巧。同时，耐力这种品质也培养起来，这正是培养更大能力的根本。

五、铃木教学法在实践教学中的应用探索

铃木的教学方法很少在课堂案例上进行实践，也没有研究过具体的音乐操作方法，如奥尔夫的元素性音乐教育、达尔克罗兹的体态律动、柯达伊手势等。当人们学习铃木的音乐教育体系时，他们在课堂实践中有一定的局限性。为了弥补铃木小提琴教学法的不足，可以在课堂教学中借鉴国外其他优秀的教学方法。例如，在学习器乐的初级阶段，适当的记谱练习是一种帮助。在教学中，可采用柯达伊教学法中的手势训练或字母谱进行

视唱教学；奥尔夫的教学理念是，对音乐元素进行相应的游戏训练，增加趣味性，让幼儿进一步理解和感受音乐；在器乐学习之前，采用达尔克罗兹教学法中的体态律动法，对学生进行适当的律动训练，培养孩子良好的律动感，让孩子充分把握音乐的特点。

任何类型的音乐教学都有其自身的缺陷，也有一定的局限性，如在学习音乐的过程中，铃木过于强调模仿而忽视孩子的个性发展，缺乏儿童培养的即兴创作能力，因为我们看到铃木音乐教学法的不足，在引用的时候，结合国家教育的特点和不足，进行完善和补充后，给孩子一个新的诠释和理解，更好地促进早期音乐教育的发展。

第五章 新视角下音乐思维与创造力的训练与培养

音乐是以形象思维为主的艺术形式。音乐思维是形象思维的一种类型。它包括听觉思维、视觉思维、触觉思维和创造性思维等多种思维方式，重视音乐思维的训练对发展形象思维有着重要的意义。

第一节 音乐听觉的训练与培养

听觉思维是音乐思维的基础。在音乐天赋的发展中，听觉是最重要的。在传统的音乐教学中，我们只注重教学内容和技巧的培养。例如，在歌唱教学中，认为只要歌唱环节完成了，任务就完成了，忽视了听力的训练。因此，学生对音乐的感知和体验很少。然而，听觉训练并不是孤立的。它必须与歌唱、欣赏、器乐、音乐创作活动相结合。同时，在训练过程中要注重思维能力的训练。由于音乐思维的时间性特点，音乐之声是稍纵即逝的，它不同于文字和绘画，可以慢慢地分析。因此，音乐的听觉训练应在多听的基础上形成直觉，用音乐的直觉思维跟随音乐。

一、音乐听觉训练的原则

（一）多种感官协调性原则

有些教师认为，培养学生的音乐听觉只是一种单纯的听觉技术训练，这是一种片面的认识。我国著名音乐教育家赵宋光先生指出："人才素质的培养，艺术能力的培养，要靠四大器官综合运用所形成的心理结构，即听觉器官与视觉器官是接收信息的感觉器官，形体（体态活动）器官与言语器官是输出信息的运动器官，它们之间是相辅相成的。四者在每个人身上都具有建造人类本质、获得高度发展的潜在可能性。而完美人格的建造要依靠这四种器官的综合运用作为可控制的建筑材料。"听觉思维的训练不能仅限于听觉器官，应是多种感官协调运用才可能获得最佳的效果。

（二）反复性原则

音乐听觉有反复性的特点。看小说最多看几遍，看电影最多也就十几遍，而对音乐的欣赏却是无止境的，听的次数越多，对音乐的理解越深。根据音乐的这种特性，在进行音乐听觉思维训练时也必须遵循这种反复性的原则。真正能过"耳"不忘的是少数天才，多数人是需要多次反复聆听才能有所记忆的。正如我国著名指挥家李德伦所说："怎样才能有一副音乐的耳朵，听得多了就有了。"说得非常通俗。音乐是一种语言，学习语言就像母亲教婴儿说话一样，婴儿开始可能听不懂妈妈的话，但是有情感的交流，在一遍遍的交流中婴儿逐渐理解了语言的意思。学生对音乐听觉的培养也是这样，在不断地反复中就能形成良好的听觉。反复是培养学生音乐听觉最好的方法。

（三）趣味性原则

从传统的听觉训练方法来看，一般是从一个单音到一个音程，再从一个音程到一个旋律。这种训练方法既枯燥又单一。我们提倡通过游戏活动培养学生的音乐听觉，在兴趣中培养学生的音乐听觉思维能力，使枯燥的音乐听觉训练变得有趣。在培养学生的音乐听觉的同时，也培养学生对音乐的注意力、反应能力、节奏感、身体协调能力和与人合作的能力，对促进学生音乐综合素质的提高有很大的作用。

（四）综合性原则

由于多年来音乐教育思想的滞后，以唱歌为中心的音乐教学很普遍，忽视音乐听觉思维的训练。随着音乐教育的改革，我们逐步认识到培养学生音乐听觉思维的重要性。在这种思想的指导下，许多国家的音乐教育都进行了改革。如在德国"多年来以唱歌为中心的音乐教学被否定，取而代之的是多方面的欣赏音乐及创造音乐能力的培养。音乐教育的目的不再是单一地通过学习音乐进行道德教育，而是通过课堂学习音乐，创造一个可以由学生自己判断、自己决定的生活。音乐学习的过程被看作一个认知、感情即心理运动互相影响和作用的过程"。①对音乐听觉思维的训练也由过去纯技能性训练转变为综合性的音乐听觉思维训练。

二、音乐听觉训练的意义

（一）培养音乐的耳朵

"音乐听觉训练的目的不仅仅是训练学生对物理音高和节奏长短机械的辨别能力，更重要的是通过听觉训练掌握音乐及其表现诸要素的构成、特点、内在联系与规律，使学生具备准确把握音乐内涵的'音乐的耳朵'，所谓音乐的耳朵是指在接收到音乐音响的基本要素后对其产生综合性的感知，即体现为对其整体结构以及音乐语言的理解能力。"②培养学生音乐的耳朵，是音乐听觉训练的基本意义所在。

（二）促进视唱练耳整体水平的提升

音乐听觉训练不仅是视唱练耳训练的主要学习内容，也是发展音乐听觉能力的重要手段，而且也为视唱和读谱训练从听觉的角度纠正偏差提供了依据。音乐听觉是支撑视唱能力的内在基础，是视唱能力提高、发展、高质量有效持续的动力和源泉。视唱是基于听觉判断的，就像拉小提琴一样。音乐听觉是小提琴音准的保证。在演唱乐谱时，音准、节奏、调式调性、速度、力度、曲式等音乐表现的所有要素都需要根据乐感的听觉随时加以控制和调整。音乐听觉水平的高低直接决定了视唱的准确性程度。

视唱乐谱往往来源于民间音乐、创作歌曲、戏曲音乐、各时期古典器乐作品的旋律选材等。这些乐谱在技术、形式和表现力上都是包罗万象的。以人声视唱的方式来表现这些不同风格、不同形式的乐谱，歌唱本身就是一种二次创作。这种二次创作需要准确、生动的表现。它是一种充满生活节奏和生活体验的声学运动。完美的音乐演奏需要调动音乐听觉能力、歌唱能力、情感表达能力和对音乐本质的准确理解等多种因素的综合作用。它还会带来情感体验、联想想象、理解认知等心理因素的渗透。在视唱练耳的整个教学过程中，音乐听觉与视唱表达都是音乐实践活动的一

① 谢嘉幸，杨燕宜，孙海.德国音乐教育概况[M].上海：上海教育出版社，1999：163.

② 陈思桥.论幼儿音乐听觉训练的意义及策略[J].北方音乐，2014（6）：115.

部分，二者互为前提，共同促进。甚至在这个活动过程中，每个学生都将自己的学习经验和生活经验结合起来，在表达音乐的过程中锻炼技能，丰富情感，体验生活。

（三）培养内心音乐听觉能力

在音乐听觉训练的过程中，随着音乐活动的积累，自然而然地会逐渐培养个体的内在听觉能力。内在听觉是一种基于音乐实践活动和音乐记忆在内心进行的音乐想象、判断、回忆和体验的音乐心理活动能力。它能正确地预测想象中的音乐声音，即不听音乐作品就对音乐声音的内在再现。内在音乐听觉能力是音乐听力训练的主要目标之一。它以音高、节奏、旋律、和声等基本音乐听力能力为基础，结合音乐记忆和音乐理解，在内心形成的音乐感知、预判与再现能力。内在的音乐听觉能力让人们在没有乐谱或音乐的情况下，通过想象在大脑中创造出音乐的声音效果。这种能力的形成需要系统的音乐听觉训练。通过聆听大量的音乐作品，熟悉各种音乐元素，记忆大量的音乐作品，才能不断地吸收和消化我们所接触到的乐谱和声音，并积累起来。以音乐素材为基础，内化为内在听觉能力。与音乐听觉的基本能力不同，这种能力的形成主要依赖于后天的听觉训练。系统的音乐基本要素训练、大量音乐作品的积累和记忆、全面的音乐听力分析等音乐听力训练对提高学生的整体音乐素养有积极的作用。它使学生对音乐形成良好的记忆和再现能力，然后内化成一种丰富的内在音乐听觉能力。内在音乐听觉能力是音乐实践活动的重要基础。在音乐表演、音乐欣赏和音乐创作活动中，内在音乐听觉能力始终是决定上述音乐活动质量和水平的一种决定性的重要能力。甚至可以说，音乐听力训练的重要意义在于基于对音乐声音的纯文本感知，培养学生充满想象力良好的内心听觉能力。

（四）培养音乐记忆能力

音乐是时间的艺术。随着音乐的发展，所有的音乐材料和音乐元素都具有转瞬即逝的流逝性特点。因此，音乐记忆是一种体验和感知音乐的必要能力。如果缺乏记忆音乐元素的能力，就没有办法整体地感知和准确地把握它们。因此，听觉训练的重要意义在于培养全方位的音乐信息接收能力和良好的音乐记忆能力。一方面，音乐记忆的形成依赖于对音乐要素的理解和接受能力，这是听觉训练基础阶段的重要内容。

（五）为多元化、全方位的音乐体验服务

音乐听觉训练是为了练习音乐而服务的。当今世界的音乐生活越来越体现出多元化的特点。不同民族、不同地域、不同风格的音乐作品层出不穷，极大地丰富了人们的日常音乐生活。音乐听觉训练也要适应社会音乐文化发展的需要。在传统培训模式的基础上，不断吸收新元素，接受新事物，为现代音乐生活提供理论指导，培养专业技能。当代国内视唱听觉训练的改革也充分体现了这一发展趋势。提出了"开放式音乐听力训练"和"通过实际作品训练音乐听力"，打破了年龄、地域、风格、题材的限制，选择世界各地的各种音乐形式或作品作为听力训练的教材。初步建立了一套适应多元音乐文化生活的音乐听觉训练体系。这种建立多元化、全方位音乐体验的理念，正是音乐听力训练现实意义的重要体现。

三、音乐听觉思维训练的目标

（一）音乐听觉能力的训练目标

1.建立音乐基本要素感知与辨别的能力结构

即形成对音乐的外部感受印象和反应能力，它是音乐听觉训练的基础，需要通过音乐听觉的心理机制和生理机制作用于人的大脑，形成辨识与反应体系。其训练内容包括调式音准体系的建立、和声听觉能力的形成、节奏感的培养、旋律感的构成、不同音乐织体及其表现力的辨识、不同乐器的音色区分、音乐作品的主题及其发展、曲式结构等方面。

2.形成音乐听觉分析能力

即对感知到的音乐基本要素加以思考、分析、综合、判断，领会各要素之间的关系及其相互作用，从而获得对音乐作品的完整印象。在音乐感知的过程中，听觉分析能力是音乐听觉的最重要的基本能力，它是区分音乐听觉与其他一般听觉的标志。

3.训练完整再现音乐形象和准确表达音乐形象的能力

将音乐听觉运用于音乐实践中，真正学会"用耳"与"用心"来指导音乐欣赏、音乐表现与音乐创作。

4.培养内心音乐听觉能力

即在音乐实践过程中，不断将接触到的音乐材料和完整的音乐形象存储于记忆中，并在大脑的综合分析下逐步转化为内心对音乐诸要素的判

断、辨识想象和理解能力。音乐听觉的基本表现也是外部的印象和内在音感的结合。内心听觉能力的形成对音乐记忆能力要求很高，在已有的音乐听觉印象之上，借助想象力，内在地体会音响的能力，即内心音感。

（二）综合能力训练的目标

1.感受音乐的能力

感受音乐是我们接触音乐的一个重要目的。音乐是心灵的艺术。它给人们的心灵带来的舒适感是其他艺术门类难以代替的。我国《中小学音乐课程标准》也将体验音乐作为学习音乐的中心环节。随着中小学音乐教育改革的深入，人们越来越深刻地认识到音乐教育不是培养音乐家，而是先培养人。在人的培养过程中，音乐教育的功能就是让学生从众多的音乐作品中感受丰富多彩的情感体验，从而达到音乐美育的目的。音乐感受能力的高低主要取决于两个基本因素：一是观众丰富的情感和理性。音乐是一种直接指向心灵的艺术。精神生活越丰富，生活体验和文化体验越丰富，音乐范围之外的知识储备越丰富，从音乐中可以听到的内容就越丰富，情感体验也就越丰富。二是听者的音乐听觉能力。原因很简单，如果想带着情感体验音乐，你必须首先能够感知音乐的结构本身。如果学生不能"倾听"音乐的旋律的起伏，节奏的厚薄变化，和声的紧张和谐、伴奏等，即使他们可以对音乐产生情绪反应，这种情绪反应也只能是源于对音乐作品内容最浅显、近似的，甚至是模糊、不确切或者是错误轮廓的理解。这种混沌的音乐感觉，与我们所期望的音乐审美教育相去甚远。

2.表现音乐的能力

如同感受音乐一样，表现音乐需要表演者有丰富的情感与理智作为基础。音乐是人们交流的手段，这种交流用的是一种"心灵"的"语言"。这就需要表演者有丰富的可"说"的东西，才能以情动人，达到完美演绎音乐作品的目的。然而，仅仅是具备了丰富的情感表现和充分的音乐理解是不够的。归根结底，如果一个表演者不能唱（奏）准音高，不能把握好乐曲的节奏、节拍，不懂得把轻重疾徐运用于作品的呈示过程中，那么，他也就根本不可能向听众去用心灵诉说什么。

四、音乐听觉训练的基本内容

（一）单声部听觉训练的内容

1. 调式音准训练

这一部分的训练主要是建立音高的识别体系。音高感是指对高低不同的音做出正确判断的能力，是音乐感受与表现的基本能力之一。对音高的判断可以分为"绝对音高"和"相对音高"两种。音高感知训练应尽早进行。童年是绝对音高形成的黄金时期，要给予足够的重视。长期以来，音高听觉训练是以调性为中心的。在古典传统音乐的影响下，调性思维深深烙印在人们的听觉意识中。人们的听觉也逐渐形成了一种习惯，即每一个音都是一个音调组织内的有机组成部分，它在音调中的位置、稳定性以及与其他音调层次的音程关系都非常清楚，对于调性音乐的感受与表现来说，调式音准训练是准确而有效的。

2. 旋律音程感训练

在有了音高感的基础上，两个不同的音之间就会产生听觉上的距离感，这个距离感就是旋律音程。旋律音程是由先后发响的两个单音组成的，旋律音程的横向延伸便形成了旋律。旋律音程感训练既包括音准的感觉与判断，也包括音程的色彩及距离带来不同的心理感受，如大跳带来的激动与跌宕起伏感，级进带来的流畅与平稳感等。它是感受不同旋律丰富魅力的基础。

3. 单声部节奏感训练

节奏指各种长短相同或相异的时间单位有组织地进行序列，其中包括了强弱的因素在内[①]。音乐中的节奏长短有序、变化丰富，在一定程度上它服从于节拍的组织，并与速度、音乐情绪相关，在音乐的诸多要素与表现手段中，节奏是不可或缺的一种，音乐的节奏常被比喻为音乐的骨骼。瑞士的达尔克罗兹体态律动教学法、奥尔夫教学法等都十分重视节奏训练，通过节奏教育的手段调动起学生的音乐本能，培养学生的音乐感受能力和敏捷的反应能力。"所谓节奏感，就是领悟音乐中音符时间关系的基本能力。它包括了组织、体验和再现这种时间关系的直觉。"[②] 良好节奏感是

---

① 赵宋光.音乐教育心理学概论 [M].上海：上海音乐出版社，2003：178.

② 林华.音乐审美心理学教程 [M].上海：上海音乐学院出版社，2005：215.

体验和把握音乐进行的核心因素，是每个人具有的潜质。由于节奏的重要性，每一个学生在接触音乐训练时都会首先接受节奏训练。

4.单声部旋律听觉训练

旋律也称为曲调或旋律线。它是音高、节拍、节奏、力度、速度和音色的有机结合。它是真正意义上的音乐最基本的表现形式。旋律一直被认为是音乐作品中重要的表现手段。无论哪种音乐类型，旋律总是各种音乐元素中最突出的，也是最容易被感知的音乐元素。所谓旋律感，是指同一声音的音高水平的连续性，是一种具有一定意义的线性，是一种将其形式固化为可识别和记忆的听觉能力。旋律感知能力的强弱是人们音乐听觉能力高低的重要表现。旋律和听觉的培养对人的音乐能力的发展的意义是不言而喻的。

（二）多声部音乐听觉训练的内容

和声是和声音程与和弦的统称，指按照一定的度数关系排列并同时发响的若干音。和声是同时发出两个音符的声音，是构成和弦的基础。对和声音程和和弦的听觉感知及其辨别能力是多声部音乐作品听觉能力的基础。从单个音程由两个孤立的声音组成，到一个和弦由两个以上的音调组成，再到调内音程连接与和弦连接，到和声听觉训练、音乐作品听觉分析与辨别等内容，这是一个循序渐进的过程。和声音程的训练内容包括听排二度到八度的所有自然音程，和弦的听觉训练包括听辨密集和开放位置的各大、小、减、增三和弦的原位和转位；听辨属七和弦、导七和弦、下属七和弦等常用七和弦的原位、转位及其解决。和声的听觉练习从两方面来掌握，一是构成和声的单个音的音高听辨，听辨训练时可以先着重听一个音，听辨出来以后再一个一个地辨别其余的音。二是音程及和弦的色彩性听辨，每一个音程与和弦都有其自身的色彩，如大三度的明亮，小三度的柔和暗淡。训练时要根据学生不同的音乐听觉基础和特点，兼顾相对音高与绝对音高的听觉习惯差异，根据学生的不同情况有所侧重，结合固定调与首调来进行训练。

1.四声部和声听觉训练

和声听觉训练是音乐听觉训练的重要组成部分，其目的在于通过立体的纵向和声听觉训练让学生形成和声色彩、力度、功能及和声序进逻辑的各方面的感受能力与辨识能力，为发展多声听觉思维打下基础。在和声性织体的音乐作品中，存在二声部、三声部、四声部和多于四声部的和声织体组合方式。在听觉效果上，四声部和声音响丰满、均衡，富有表现力，构成和弦的各声部之间又不至于过于密集而出现拥挤和混沌感。因此，在和声听觉训练中，多采用四部和声的形式。基于同样的原因，在和声学的学习过程中，练习和声写作也采用四部和声的方式。事实上，四部和声更接近于实际音乐作品。因此，四部和声的听觉训练既符合人的听觉辨识结构，也符合音乐表现规律，同时还与其他的音乐能力学习互为印证。

四部和声的听觉训练属于音乐听觉训练的中后期，它需要学生具备一定的音程、和弦、调内音程连接、调内和弦连接的听辨能力以及熟练地掌握和声学理论知识。在此基础上，学生方可开始进行四部和声的听觉训练。四部和声听觉训练的内容包括构唱和听辨两个部分。在构唱的基础上，熟悉各类和弦原转位音响及和声效果后再进行听辨。内容包括：在调内各音级上构唱与听辨各级的三和弦与七和弦的原位及其转位；在不同的调式构唱与听辨调内正格进行、变格进行、完全进行，熟悉正三和弦的和声序进效果；在不同的调式构唱与听辨各类终止式（包括正格半终止、变格半终止、正格终止、变格终止、完全终止等），熟悉和声终止式的序进效果；在不同的调式构唱与听辨调内加入副三和弦的和声序进，熟悉完全功能体系的和声序进效果；在不同的调式构唱与听辨离调与转调的和声进行等。其进程逻辑大致与和声学理论学习保持一致或关联。听辨包括和声功能连接的标记和与各个声部音的听辨与记写两个部分。

2.多声部节奏听觉训练

多声部的节奏训练重点在多声部，包括二声部、三声部、四声部及多于四声部。多声部节奏听觉训练是多声部音乐思维能力的基础，是为培养学生对多个层次的节奏线条的接收与感受能力，以锻炼其领会、理解多声部音乐织体的能力，培养学生多声部听觉和多声部思维是听觉训练的重要内容。

多声部的节奏训练一般从二声部开始，采用循序渐进的方式逐步增加声部，加大难度。内容除了涵盖单声部节奏训练的各种节拍与节奏型组合之外，还包含了不同的声部组合方式，如支声呼应型、模仿型、对比型等。训练的方法包括读节奏和听写节奏。读节奏可采用体态律动教学法，个人练习时通过口、手、脚的配合训练立体化的多声部节奏，人身的每一个部位对应训练一个声部，同时进行不同的节奏训练。这种练习不仅是对多声部节奏的同步训练，还对身体各部分的协调运动提出了较高的要求，既训练了身体的协调律动，又训练了不同节奏声部的感知与表现。还可以在学生群体中多人分声部配合训练。每一个声部的学生除了读好自身的节奏组合之外，还要注意与其他声部的配合与呼应，在多个声部的节奏同时进行过程中相互协作共同表现立体化的节奏进行效果。这种立体化节奏训练能够帮助、培养节奏感知力、表现力以及培养群体互动意识，在听觉训练中有着十分重要的意义。

3. 多声部旋律听觉训练

多声部的听觉训练包括二声部、三声部和四声部，训练的实例一般取材于复调音乐作品，旋律的每一个声部都具有相对的独立性。与四部和声听觉训练相对应，这里主要训练学生对横向旋律线条的捕捉和辨识能力，把纵向的对位关系及其和声效果放置于从属地位。训练的进程一般与四声部和声训练同步进行。两者在听觉掌握上的最大区别在于：四声部和声更多的是一种纵向的和声连接关系，多声部旋律在于其每个声部之间的横向并行关系以及各个声部旋律的不同走向。多声部旋律的听觉训练注重学生对旋律的感知和把握能力，尤其是多条旋律以对位的形式出现时，对不同旋律各自的音调、节奏、旋律走向及其表现特点，以及旋律之间的对比、补充、呼应、模仿，甚至是各种复调对位手法的运用等方面的把握能力。

4. 音乐听觉分析

音乐听觉能力是对构成音乐诸要素的认知与辨识能力。音乐作品的构成不仅要遵循感性规律，更要遵循音乐结构与发展的内在规律。对这一规律的认识和掌握，可以帮助音乐听觉能力在科学理论的指导下快速有序地形成。因此，在听觉训练之前进行音乐听觉分析是十分必要的。听觉分析是一种以听觉手段为基础，以分析为目的的活动。它不仅在音准、节奏等方面考查听觉和记忆的准确性，还将这种要求推广至包括音乐语言、形式手段等其他方面。更重要的是，听觉分析同时还要求聆听者将捕获的信息上升到意识和思维的层面，对它们进行判断、整理和理解。音乐听觉分析主要分析音乐作品构成要素的内在特征、规律和表现形式，为学生掌握音乐听觉要素提供理论依据和原则指导。比如，听辨四部和声时，通过对典型和声序进逻辑的分析、终止式的构成分析，以及和弦排列法与连接法的分析，就能很快掌握四部和声听觉的规律和方法，形成音乐听觉能力。

五、音乐听觉训练的方法

音乐听觉的训练要结合音乐实践来进行，切不可作为专门的技能训练，否则可能会使学生丧失兴趣。在音乐教学实践中，有许多训练音乐听觉的方法，这里简单列举几种。

（一）对比法

对比法是将两个或多个具有不同属性的对象放在一起比较的方法，对理解对象的属性有很好的效果。对比可以是近似的对比，也可以是相反的对比。对比越大，对理解的影响就越大。在使用对比法的时候，可以先从差异较大的对象的对比法入手，然后逐渐缩小差异，逐步提高学生的判断能力。

对比是美学规律之一。它是对立统一规律在音乐中的具体体现。没有对比，它就失去了生动性。对比可以应用于音乐听觉思维训练的任何方面。比如，旋律的对比，节奏的对比，速度的对比，力度的对比，音色的对比，体裁的对比，风格的对比和情感的对比。对比是音乐教学中最有效、最常用的感受和理解音乐的方法之一。

（二）选择法

选择法就是在两种或两种以上的材料中选择正确结果的方法，适合学生在初步感受音乐时运用。同对比法一样，选择法也适用于音乐听觉思维训练的任何环节。

1.选择与画面情绪相对应的音乐

如出示两幅图画，一幅是欢庆场面，另一幅是春江月夜。然后再播放一段优美的音乐，看它表现哪一幅图画更合适。在这个选择中就要运用联想和想象。首先要正确感受音乐所要表达的情绪是欢快热烈的还是优美抒情的，同时联想或想象应该是一种什么样的场景，最后确定音乐表现的图画。

2.选择音乐的情绪

播放两段音乐，如《渔舟唱晚》主题片段和《喜洋洋》主题片段，确定音乐所要表达的情绪。

（三）节奏听辨法

在聆听音乐时，我们比较关注音乐的旋律，忽视对节奏的听辨。节奏对于表现音乐的情绪和形象有着重要的作用。因此，在培养音乐听觉思维能力时不能忽视对节奏的听辨。对节奏的听辨最好不要孤立地进行，要结合旋律在音响中听辨。一般可采用以下几种方法：

①听一句旋律唱出它的节奏。

②在一段较完整的音响中听辨伴奏的节奏型。

③听辨不同舞曲体裁的节奏型。

④听辨不同节拍的节奏，并能随音乐的韵律晃动身体。

⑤为一段旋律创编节奏伴奏。

（四）主题分辨法

在音乐进行中能分辨主题是感受音乐最重要的方法之一。美国音乐家科普兰说："应该把旋律作为连续不断地引导聆听者自始至终地听完一首乐曲的一根线条。永远记住，在倾听一首乐曲时必须紧紧抓住这根旋律线条，它可能暂时消失，被作曲家收回，为的是使它再现时显得更加强有力。"①分辨主题可采用以下几种方法：

①演唱乐曲的主题。

②为乐曲或主题命名。

③举手、举牌表示主题。

④用动作表示主题。

⑤为主题出现的顺序排序。

（五）表现法

音响建构过程可分为两个步骤：一是对内心听觉的声音动态听觉表象进行构思、发展，即内化阶段；二是物态化为乐谱的符号形式或可听的实际音响结构，即外化阶段。②音乐听觉思维是一种内心的思维过程，但要别人了解这个过程就必须运用表现法，这是音乐听觉思维外化的形式。表现的方法是多种多样的，这里仅举几例：

①随音乐律动。

---

① ［美］科普兰（A.Copland）.怎样欣赏音乐［M］.北京：人民音乐出版社，1984：39.

② 修海林，罗小平.音乐美学通论［M］.上海：上海音乐出版社，1999：372.

②根据音乐表现的内容表演。

③用图式表现音乐。

④演唱、演奏简单的音乐主题。

⑤即兴说一说对音乐的感悟。

⑥写一段对音乐感悟的短文。

第二节　音乐情感的培养

一、音乐情感的特征

（一）典型性

"典型"这个概念是从文学、戏剧等艺术领域中借用来的，用在音乐领域中有其特殊的含义。

它可以理解为不同时代、不同民族、不同文化环境下思想意识形态范围的典型意义，以及这种思想意识形态范围的典型情感反应和表达。这意味着作曲家和他同时代的人经历着相似的事情，但他比普通人有更深、更强烈、更详细的体验，他可以在现有音乐流派的基础上进行创新，创造新的流派，从而产生一种新颖独特的表达方式，而且这与它想要表达的情感内容相一致。在这里，典型化与个体化是辩证统一的。例如，法国大革命在全世界引起了轰动，特别是整个欧洲。经过长期的观察、体验、思考和判断，贝多芬在《第三交响曲》中体现了他想象中的一系列表象和深刻的情感体验，并以一种突破传统交响乐的形式加以表现。它既有典型的含义，又有强烈而独特的个性。荣格提出"集体无意识"，将艺术情感的表达还原为"原型"。他相信，有多少典型的人类情感，就会有多少"原型"。伟大的作品之所以能跨越时空而存在，正是因为如此——某种情感"原型"。

（二）概括性

音乐中使用的手段是声音。与文学相比，音乐之声并没有严格意义上的语义意义，虽然在某些民族的文化生活中，某些音调、节奏甚至旋律是被习俗所确立的，具有一定的语义。同时，与造型艺术相比，音乐中使用的声音方法也是非雕塑性的，但具有时代性和运动性。因此，真实情感的准确性被削弱了。

正是因为音乐的情感摆脱了语言的束缚，摆脱了客观事物的现实，从而增加了非特异性的概括性，相应地，音乐也具有一定的模糊性和不确定性。这些都使音乐的情感得到了更多的自由，从而为观众提供了更广阔的想象空间。

（三）易感性

音乐的情感正是因为上述种种原因，加上声音所特有的直观性，直接诉诸听者的听觉感官，通过产生生理反应，而唤起情绪、情感共鸣。所以，"易感性"亦即必须通过感官直接获得的，经由生理反应引发心理变化的性质，这不仅是音乐情感与现实情感相区别的一个特点，也是音乐比其他艺术更能动人心弦的原因之一。

二、音乐情感的类型

（一）优美情感

优美的音乐一般具有旋律优美、节奏平缓、速度、力量适中、音色优美、音乐柔和等特点，它使人心情平和并伴有诗情画意的联想，最受人们喜爱。

（二）壮美情感

壮美是同优美不同的一种情感。壮美的音乐旋律雄壮有力，节奏工整，力度强，使人精神振奋，有一种勇敢向前的力量。进行曲就是这种壮美情感的典型体裁。

（三）欢乐情感

欢乐美是音乐最常见的一种情感，也是人们最容易接受的一种情感。欢乐美的音乐一般具有这样的特点：旋律欢快、跳跃，节奏紧凑，速度稍快，使人心情愉快、舒畅。如欢乐的舞曲及一些音乐形象鲜明、节奏感强的音乐。

（四）崇高情感

崇高美属于道德情感的范畴，是一种高层次的情感，有较丰富的内涵，表现的是对理想、精神的追求。这类音乐的特点是旋律宽广深情，节奏舒展，气魄雄伟。

（五）悲剧情感

悲剧美是音乐所表现的情感之一。由于中小学生的知识与阅历有限，对这类情感的感受有一定的困难，因此可不作为重点，只要让学生有个初步的了解就行了。这类音乐的特点一般是旋律以下行为主，速度较慢，节奏沉重，使人有一种透不过气来的压抑感。

（六）诙谐情感

诙谐情感在音乐中表现得不多，多是用带装饰音的独特节奏表现。如美国作曲家格罗非《大峡谷》组曲中的第三首《羊肠小道》。双簧管独奏出一段具有爵士风格而又诙谐的曲调，装饰音和椰壳敲击的嗒嗒声，使我们联想到一幅幽默又诙谐的画面：一群旅行者骑着毛驴在崎岖的山路上一跛一跛地走着。

三、情感培养在音乐教学中的意义

音乐是情感的艺术，培养学生丰富的音乐情感在音乐教学中有着重要的意义。在音乐教学中培养学生对音乐产生情绪反应的能力应当是音乐教学的核心，让学生在获得情感体验的基础上，通过文化的渗透加深对音乐的感悟和理解。

（一）情感体验是音乐教学的核心

为什么说情感体验要成为音乐教学的核心呢？因为音乐是听觉的艺术，通过声音直接作用于我们的心灵，使我们获得某种情绪的感受。音乐是没有语义的，音乐表现的首先是情感。因此，音乐比其他艺术能够更直接、更有力地渗透到人的心灵深处。著名作家肖复兴在《音乐笔记》中也说："从本质上讲，音乐就是这样天然自然，不带有任何功利，是属于情感和心灵的，而不是属于道德或社会学范畴，也不属于描绘和叙述方面。"[①]在音乐的创作、表演和欣赏三部曲中，每一部都是以情感体验为核心的。

音乐的表演同样是在感受作曲家情感体验的基础上，融进表演者情感的再创造。在音乐欣赏的过程中，欣赏者随着音乐的进行，始终伴随着情感的起伏与变化。音乐学家张前先生说："情感体验在音乐欣赏中具有特殊

---

① 　肖复兴.我的音乐笔记[M].武汉：武汉大学出版社，2017：2.

的意义，这是由于音乐是一种善于表现情感的艺术，音乐欣赏的过程同时也是情感体验的过程。它既是欣赏者对音乐情感内涵进行体验的过程，也是欣赏者自己的感情和音乐中表现的感情相互交融、发生共鸣的过程。"[1]

如大家非常熟悉的《蓝色多瑙河圆舞曲》，既不能表现蓝的色彩，也不能表现多瑙河的具体形象，从音乐流畅和跳跃的旋律中我们感受到的只是一种优美、欢快的情绪，这种情绪体验就是我们理解音乐的基础。既然不能表现多瑙河那为什么又要取名为《蓝色多瑙河圆舞曲》呢？这就要从作曲家创作的背景谈起。施特劳斯应奥地利维也纳男声合唱协会指挥赫尔柏克的邀请写一首表现多瑙河的歌曲，施特劳斯非常喜爱大自然，创作了许多表现大自然的圆舞曲，如《维也纳森林的故事圆舞曲》《南方的玫瑰圆舞曲》等。当他看到诗人格涅尔写的赞美多瑙河的诗歌《美丽的蓝色多瑙河》后，多瑙河美丽如画的景色激起了作曲家的乐思，从他的心里流淌出优美流畅的旋律，很快就完成了歌曲的创作。但是歌曲演出之后，并没有获得较大的反响，直到作曲家把歌曲改编为管弦乐曲后才引起人们的注意。由于音乐的优美旋律和它表现出的对生活热情的赞美，很快赢得了人们的赞赏。在奥地利，这首乐曲甚至成了第二国歌，随着多瑙河奔腾的河水流向了全世界，带给我们无限美好的情感体验。每年的维也纳新年音乐会上，都要演奏这首乐曲，只要音乐的主题一出现，就会赢得一阵热烈的掌声，与其说是为那美妙动听的音乐鼓掌，不如说是对多瑙河的热爱，对作曲家及演奏家的致意。现在，在世界的任何一个角落，几乎都能听到优美的《蓝色多瑙河圆舞曲》。

以上是这首乐曲在情感体验基础上所具有的人文含义，如果就音乐本身来说，是多瑙河还是尼罗河，或是第聂伯河，在音乐中是不能表现的，优美、欢快的情感才是乐曲表现的主要内容。

（二）在文化大背景下丰富音乐的情感体验

虽然音乐具有情感特征，但从音乐本身获得的情感体验是不够的。因为音乐是在文化背景下创作的，了解文化背景也可以丰富音乐的情感体验。音乐中的情感体验不同于生活中的情感体验。生活中的情感体验是随机的、盲目的。音乐的情感体验取决于音乐作品的创作动机、创作背景、

---

[1] 张前，王次炤.音乐美学基础[M].北京：人民音乐出版社，1992：237.

创作风格等因素。人类只有通过理解才能获得的情感体验是一种有目的的、更深层次的情感体验。

由于生活经验、文化水平、艺术修养的不同，人们的经历也不同。因此，有富与贫、深与浅之分。生活体验越丰富，文化水平和艺术修养越高，那么，音乐体验就越深。

例如，一位中学教师在课堂上讲解钢琴协奏曲《黄河》时，充满了热情和投入。他认为在他的指导下，学生们也会像他一样受到音乐的启发，但他没有想到的是，学生们说："这是什么音乐，一点都不好。"为什么教师和学生对同一首曲子的情感体验会有如此大的反差？究其原因，是学生缺乏文化内涵。学生对抗日战争的历史比较陌生。他们不可能有和教师一样的情感。因此，在教学中，要正确引导学生了解《黄河》的历史背景，了解日本侵略战争给中国人民带来的苦难，了解中国人民在中国共产党领导下进行的艰苦奋斗。只有随着这一历史文化的积累，人们才能逐渐加深对音乐的理解。当然，这不是一节课就能完成的，要把这种文化意识渗透到教学中，逐步形成对音乐的深刻认识。

（三）丰富的情感体验促进学生的全面发展

音乐教学的最终目的是促进学生的全面发展，塑造学生完美的人格，情感体验只是达到这个目的的途径之一。中华民族自古以来就有重视音乐教育的优良传统。孔子有一句名言："兴于诗，立于礼，成于乐。"就是说通过音乐完成个人的修养，使人的精神境界更加完美。作为一名学生，他要具有良好的情绪状态和自我调控能力、健康的心理和与人沟通的能力，将来才能适应社会。赵宋光先生在《音乐教育心理学概论》中指出："高情商使人具有更好的竞争力、调节力、控制力和交际活动能力。"因此，在教学中要通过多元化的音乐作品丰富学生的情感体验。

音乐世界是一个丰富的情感海洋。英国的海里斯认为："音乐可以在心中引起一系列的感情。一些声音在我们心中激起悲哀，另一些声音在我们心中激起快乐，第三类声音激起尚武的精神，第四种激起温情等。"[①] 所有这些情感都是通过音乐作品表达的，因此，在教学中我们应用多元化的音乐作品丰富学生的情感体验。如表达爱国之情的《我的祖国》、表达热爱

---

① 何乾三.西方哲学家、文学家、音乐家论音乐(从古希腊罗马时期至十九世纪)[M].北京：人民音乐出版社，1983：90.

生活之情的《彩云追月》《乘着歌声的翅膀》、表达热爱大自然的《春天在哪里》《多瑙河之波圆舞曲》等。学生在学习这些作品的过程中获得情感体验，在潜移默化中"以美导真、以美引善"，使学生的思想品格得到进一步的升华。

当我们欣赏贝多芬的《第五交响曲（命运）》时会感到振奋，产生一种奋发向上的动力；在一天紧张的学习工作之余，一首《春江花月夜》可以使人彻底放松，恢复敏捷的思维。一些轻松、愉悦的音乐能带给人以健康向上的情绪感受；健康、高雅的音乐能表现出时代精神面貌，给人以崇高的情感体验或精神愉悦。这些音乐，在我们的日常生活中起着不可替代的作用。

（四）教师的情感对学生情感体验的激发

教师和学生是教学关系中两个基本的因素。教师是主导，学生是主体，在任何教学过程中，教师的作用都是首要的因素。

1.教师首先要对音乐有情感体验

要培养学生丰富的情感，教师自己就要有丰富的情感。正如罗曼·罗兰所说："要散布阳光到别人心里，先得自己心里有阳光。"在教学中，教师要善于用自己的激情感染、激励和鼓舞学生，这样才能唤起学生的情感体验。为了做到这一点，教师就要有对音乐的情感体验。丰富的音乐情感来源于对音乐的深刻理解，照本宣科肯定不能唤起学生的情感体验。因此，教师要大量地欣赏音乐，欣赏曲目要广泛，古今中外、各个历史时期的音乐都要涉猎。要多亲历音乐实践，反复聆听音乐，要分析音乐表现要素、音乐形式与形态，并且还要从中跳出来，丰富自己的文化修养，在文化的大背景中去感受和体验音乐，获得情感体验。对音乐理解得越深刻，情感就会越丰富。

2.以和蔼可亲的态度尊重学生

和蔼可亲的态度似乎与音乐无关，其实不然。一位教育专家就学生们喜欢什么样的教师进行了一次调查。从以前的观点来看，大家都会认为教师的专业水平是第一位的。然而，调查的结果出乎意料。首要的是教师和蔼可亲的态度和对学生的尊重。这个结果值得我们深思。在以知识为唯一标准的时代，人们往往把教师的专业水平放在第一位，而在培养全面人才的时代，学生需要平等的尊重。教师尊重学生，学生乐于学习。在现代音乐教学中，必须改变教师在学生心目中的形象。权威不是建立在所谓的威严之上，而是建立在学生的信任和尊重之上。

　　3.用充满激情的弹唱吸引学生

　　音乐的情感只能靠音乐本体去体现，一切音乐之外的手段，如文字的解释、绘画的演示等，只能起辅助的作用，所以，只有真正的演唱和演奏才能引起学生情感的共鸣。有些人说用录音机、多媒体不是也可以吗，从技术和音响效果看，录音机的效果有时可能比教师的演唱（奏）要好得多，但是有一点是无法和教师的范唱（奏）相比的，那就是和学生之间的情感交流。情感只有在人与人的交流互动中才会更加深刻，所以不能忽视教师范唱（奏）的作用。教师只有努力提高自己的演唱（奏）水平，才能有效地激发起学生的情感。录音可以作为辅助手段，但绝不能替代教师的范唱（奏）。

　　教师的情感对激发学生的情感有着重要作用，在平时的言行举止中，要将自己热爱生活、积极向上的态度传达给学生，和学生做朋友，创造宽松和谐的教学氛围。时刻面带微笑，以婉转的声调激发学生的积极性；以优美的语言启迪学生的智慧；以高昂的情绪鼓舞学生的热情，引导学生以愉快的情绪、饱满的热情投入到音乐的学习之中。

四、音乐情感的表现

　　音乐语言一般有旋律、节奏、节拍、速度、力度、音色、调式、调性、和声等，这是音乐表现情感的基本要素。这些要素组合起来又构成一定的表现手段，如曲式、主题、体裁等。音乐的每一种基本要素都可以表现一定的情感，如旋律的起伏、节奏的张弛、力度的强弱、速度的快慢、音色的浓淡、调式的明暗等无不具有特定的情感意义，但音乐是一个整体，不能把它们割裂开来。

（一）旋律的情感作用

　　旋律是音乐表现情感最主要的因素之一。人们在听音乐时首先感到的就是音乐的旋律，一切对音乐的情感体验都是由旋律而生。正如罗曼·罗兰所说，旋律是音乐的灵魂。人类的感情是复杂多样的，是很难用固定的词语来表述的。莫扎特就是一位旋律大师，他为我们创作了许多美妙的旋律。罗曼·罗兰说："他的音乐，无论看起来如何，总是指向心灵而非智力，并且始终在表达情感或激情。"旋律的起伏如同人的情感起伏一样，千变万化，永无止境，勾勒出各种各样的情感。

旋律是指不同音高的音按一定程序排列起来的序列。不同音高的音形成旋律，产生不同的情感。旋律的组合方式是多种多样的，大致分为以下几种：上行、下行、同度进行、级进、跳进、波浪式进行，每一种组合方式都能表示特定的情感。

1. 上行

上行是指音由低向高的运动状态。它往往表示情感越来越强烈的发展过程，造成情感的积蓄，最后达到高潮。

2. 下行

下行是指音由高向低的运动状态。它往往表示情绪逐步下落的发展过程，这种运动状态同人们在叹息、悲伤时的情感运动状态极其相似，所以常表现悲伤的情感。最典型的例子如河北民歌《小白菜》，每句结尾的音一个比一个低，生动地表现出一个没有亲娘疼爱的可怜小姑娘的悲惨形象。

3. 同度进行

同度进行也许是旋律进行最简单的形式，但其中所蕴含的情感却是非常丰富的。在歌曲中同度进行有时同语言的节奏有着紧密的联系。

4. 级进

级进是以调式的自然音顺序进行的一种方式。级进的旋律比较平稳，没有大的跳跃，所以一般表现出平静、自然、优美、松弛的情感。

5. 跳进

跳进是三度以上的音进行的方式。跳进分成小跳和大跳两种。三度以内的跳进为小跳，可造成欢快活泼的情感。三度以上的跳进为大跳，可造成激动的情感或使情感扩展。

6. 波浪式进行

波浪式进行是乐音上行、下行等综合的运动形式。旋律的起伏造成情感的起伏，时而平静，时而激越，是表现复杂情感的常见方式。波浪式进行使音乐具有流动感，平静如小溪流水潺潺，激荡如大海波涛滚滚，寄托着人类数不清的复杂情感。

（二）节奏的情感作用

节奏是指音的长短。不同的节奏组合也可以表现出不同的情感。节奏来源于生活，如呼吸、走步、劳动、锣鼓点等，因此节奏也可以引起情感的体验。

1.节奏的种类

节奏的种类很多，一般可以分成以下几种形式：第一种，长时值的节奏，一般表现宽广、平稳、悠长的情感或表示歌颂性的崇高情感。第二种，短时值的节奏，可产生欢快或紧张的感情。第三种，规整性的节奏，结构整齐，常表现出一种坚定有力的情绪。第四种，自由性的节奏。这种节奏形式不受长短的限制，因此在表现情感方面比较自由。第五种，切分节奏。切分节奏是改变节拍中强弱规律的节奏。第六种，休止节奏，能起到一种"此时无声胜有声"的结果。

2.节奏的演变

节奏在人类文化发展的历史长河中是不断变化的，在表现情感方面也越来越丰富、细腻。

古典主义时期的音乐，多是规整的正规节奏。一般以偶数为基础，分成4、8、16、32等分，变化节奏也是以切分节奏为主，因为那时的音乐大都是为宫廷贵族服务的，追求规模宏大、工整的效果，显示高雅的风格，其节奏变化不多。到了浪漫主义时期，随着音乐走向民间，音乐表现的范围更加广泛，在节奏上的运用发展了许多。音乐发展到今天，出现了现代音乐、表现主义音乐等。音乐的改革——反传统的旋律性，而更注重节奏的运用，把节奏的情感作用推到了主要的位置。如爵士乐的节奏，运用了交响曲如格什温的《蓝色狂想曲》，丰富了节奏的情感表达。

摇滚乐的出现更是把节奏推到了前台，成为音乐的主要支柱，而旋律反倒退居其后了。强烈的节奏感、多变的节奏型，使人产生一种动感，形成一股动力。这也是竞争日益强烈的社会的必然产物，一切都在快节奏中运转。客观现实在变化，音乐的表现手段也随着出现变化。

（三）节拍的情感作用

节拍是同节奏密切相关的，它是指强音与弱音有规律的再现形式。强音与弱音的交替出现形成了一种韵律，从而产生出特殊的情感。当人们听到音乐时会情不自禁地随音乐晃动身体或拍手跺脚，这就是节拍韵律的作用。一定的节拍形式表现了不同的韵律。

（四）速度与力度的情感作用

音乐中速度与力度的情感作用是非常突出的，因为速度和力度的运动状态和人情感的运动状态完全相同。人们在高兴的时候说话速度会快些，力度也要强些；相反，在悲伤时说话速度会慢些，力度也要弱些。

速度的情感作用。一般来说，快速可以表现一种欢快、紧张的情感，慢速表现优美、平稳的情感。有时快慢两种速度相结合可以表现出两种不同的情感。如《森吉德玛》，旋律完全相同，只是用的速度不同，就表现出两种不同的情感：第一段慢速表现出宽广、优美的情感，第二段快速则表现出欢快的情感。恰当的速度对表现情感有十分重要的作用，如格鲁克所说："稍微快点或稍微慢点就会面目全非了。"

力度的情感作用非常深刻，在情感的表现上非常广泛细腻。力度的无穷变幻正是人情感无穷变幻最恰当的表现，有多少种情感就有多少种力度。一般来说，强的力度表现激动的情感，弱的力度表现平稳的情感，渐强的力度表现情感的逐渐高涨过程，渐弱的力度表现情感逐渐平稳的过程。

（五）音色的情感作用

音色是音乐和人类情感之间的桥梁。只有通过音色，音乐才能将不发声的音符转化为音乐的声音，让人们获得情感体验（除了有良好内耳的音乐家，因为当他们看到音符时，可以将乐谱转化为心中的声音，从而获得情感体验，但这对普通人来说是不可能的）。

音色一般指各种乐器的声音和人的声音。它在表达情感方面的作用需要详细分析，不能一概而论。首先，它必须与整体音乐相联系，但不可否认的是，某一种音色是适合表达某一种情感的。例如，被誉为"乐器皇后"的小提琴，有着像歌唱一样柔和的音调，最适合演奏优美抒情的旋律，表达细腻的情感。例如，《天方夜谭》组曲中的 Shehra Chada 公主的形象就是用小提琴来代表的。细腻甜美的色调让人想起美丽的公主形象，给人一种秀丽的美感。如果改用铜管演奏，恐怕就得不到这种美了。铜管乐是力量的象征，适合表达庄严的情感。例如，在威尔第的著名歌剧《阿依达》

中，胜利的进行曲《大进行曲》中，小号嘹亮的号角声鼓舞了人们，表现了总司令拉达姆斯获胜时的威严和英雄情绪。

（六）调性与调式的情感作用

当我们欣赏音乐的时候常常会有这样的感觉，开始是暗淡的，忽然音乐变得明亮起来，有如"山重水复疑无路，柳暗花明又一村"的感觉。这就是调性与调式的情感作用。

调式的情感作用也很突出。任何一段音乐都是以调式的形式出现的，是围绕着一个主音构成的。调式的种类很多，一般来说有大调式、小调式、民族调式等。

大调式的情感色彩明亮，可以表现光辉灿烂英雄性的情感。如歌曲《我爱你，中国》，大调式明亮的色彩在这里表现得非常充分，伟大的爱国情感永留心中。小调式的情感色彩暗淡柔和，可以表现忧伤、缠绵的情感。如《天鹅湖》场景音乐，带着一丝忧伤，好像表现奥杰塔公主被魔法变成天鹅之后的忧伤，但又不失其温柔优美的一面。

调式也是可以互相转换的。调式的转换使人的情感随之发生转变。如《伏尔塔瓦河》，开始，主题是小调式的，比较柔和，像平静流淌的小溪。后来，主题变成大调式，明亮激昂，充满激情，象征着伏尔塔瓦河的波澜壮阔，把捷克的民族历史、悠久文化和英勇斗争的精神都融会其中，使人获得深刻的情感体验。

（七）和声的情感作用

柯普兰说："和声是人类智慧的最高体现。"音乐能表现情感，和声是起了很大的作用的。人们在听到和谐的乐音时，传递的是舒畅、悦耳的感觉，即使不是乐音，如自然界中一些悦耳的声音，如鸟鸣、流水、细雨、微风，也会有舒畅的感觉。但听到不和谐的噪声时会感到烦躁不安，如机器的隆隆声、马路上的行车声等。仔细分析乐音和噪音的组成就会发现，这是和声所造成的。和声是指两个以上的音同时发出的声音，有时会很和谐，有时会不和谐，和谐的和声悦耳，不和谐的和声刺耳，使人不安。

（八）曲式的情感作用

曲式是指音乐的结构。音乐的曲式结构一般分为一部曲式、二部曲式、三部曲式、复三部曲式、奏鸣曲式、回旋曲式、变奏曲式等。如同诗歌的起承转合一样，音乐的结构也具有这种特点。比如《粉刷匠》就是一首完整的一部曲式歌曲，共四句，分别为起、承、转、合。通过这样的音乐结构，表达了完整的乐思，形象地表现了小粉刷匠活泼、欢快的情感。

（九）音乐体裁的情感作用

音乐体裁是在长期的音乐实践中逐步形成的，每一种体裁都相应地表现某种情感。如摇篮曲表现一种慈祥、充满温情爱意的情感。虽然各民族的表现方法不同，但体现的这种情感是相同的。进行曲表现雄壮、威武的情感，如《中国人民解放军进行曲》等。小夜曲表现优美、抒情的情感。在音乐体裁中，表现情感最丰富的是交响曲体裁。交响曲的结构宏大，色彩绚丽，音响丰满，内涵深刻，表现力极其丰富，是"音乐形式中最抒情的形式"。

五、音乐情感的培养方法

培养学生音乐情感的方法有很多，但一定要注意启发学生在积极体验的状态下，充分展开想象，并保护和鼓励学生在音乐体验中的独立见解，千万不要唯自己的情感体验是从，否定学生不同的情感体验，那样的话会严重地挫伤学生的积极性，对培养学生的音乐情感是不利的。

（一）听觉体验法

教学中教师不做任何提示，只让音乐说话，让学生乘着歌声的翅膀翱翔在音乐的意境之中，仅仅调动听觉，体验音乐的情感。如在欣赏德国作曲家舒曼的钢琴曲《梦幻曲》时，教师可以先不说出乐曲的曲名，让学生闭上眼睛反复聆听、品味。听完音乐后，让学生表达出自己的所思所感。有的会说："我觉得自己好像长出了两只翅膀在天空中飞翔。"有的会说："我想起了小时候，依偎在妈妈的怀抱中听故事。"有的会说："我感觉自己好像在公园里悠闲地划着小船。"还有的会说："听了乐曲，我感觉自己到了美丽的大草原上唱歌、跳舞。"

听觉体验通过听辨，对所听到的旋律、节奏、节拍、唱名等音响产生感性认识，能帮助学生比较顺利地学习演唱新的歌曲，体验歌曲的意境和情感。

（二）视听结合法

教育心理学家认为，如果学习者能同时开放多个感知通道，会比只开放一个感知通道更准确，更能有效地把握学习对象。如动态的视觉冲击参与音乐的感知与体验，收效会不错。因此，采用视听结合的方法更能激发学生学习音乐的积极性，从而更准确地体验音乐情感。

1.视听结合欣赏影视歌曲体验情感

在以往的歌曲教学中，我们较多关注的是音乐作品本身歌词和旋律的特点，但是对于影视歌曲来说，还有其特殊性。在教学中，我们应充分利用影视资源，以故事情节以及画面辅助学生理解作品音乐形象，激发学生的情感，加深对作品的理解，使学生能够更好地欣赏和演绎歌曲。例如，在歌曲《雪绒花》的教学中，学生在聆听和演唱歌曲中，感受到了这首歌的优美情感。如果此时教师介绍影片《音乐之声》的故事梗概，再播放《雪绒花》在影片中两次出现的片段：第一次是上校爸爸看到自己孩子的变化，动情地演唱《雪绒花》，优美的旋律、深情的歌词，非常动听。第二次是上校一家参加音乐会，他们决定当晚离开自己的祖国奥地利，音乐会上，上校哽咽了，再也唱不出歌来。玛利亚和孩子们走上台与他一起演唱，他们的深情演唱感动了在场的奥地利观众，大家一起激动地和他们合唱起来。这时，歌曲就不仅仅是优美动听而已，此时此刻，歌声中充满了上校的家人和奥地利人民的爱国情怀！学生们被影片中的歌唱深深打动，当他们再次唱歌时，学生们的歌声会更加深沉、更加浑厚、更加动情。

2.视听结合欣赏特定体裁音乐体验情感

《天鹅湖》的音乐就像一首浪漫的抒情诗。每一场戏的音乐在对场景的描写，对剧中矛盾的推进，对人物性格和人物内心的刻画上都表现得非常出色，具有深刻的交响性。这些充满诗意和戏剧色彩，具有高度交响化发展原则的芭蕾音乐，是柴可夫斯基对芭蕾音乐进行重大改革的结果，成为舞剧史上具有划时代意义的作品。

在舞剧序曲的开头，双簧管吹奏了一段柔和的曲调，引出了故事的线索。这是天鹅主题的变体，它大致描绘了一幅女孩被魔法变成天鹅的动人而悲惨的画面。整首歌中最著名的片段是庆祝王子成年典礼的盛大舞会。音乐主要由各种华丽、明亮、充满激情的舞蹈音乐组成。第一幕结束时，夜空中出现了一群天鹅。这是第一次以天鹅为主题出现在音乐中。它充满了柔美和多愁善感。在竖琴和提琴颤音的伴奏下，双簧管和弦乐演奏出优美的旋律……随着音乐、演员的舞步、情节的变化，听众的情绪变得平静、悲伤、激动、喜悦……并被柴可夫斯基的作品深深打动。

（三）音乐情境法

在教学中创设音乐情境就是最好的方法之一。情境对于激发学生的学习兴趣和获得情感体验有很重要的作用。如我们唱中华人民共和国国歌时，在教室中唱是一种体验，在学校升旗的时候唱又是一种体验，如果在天安门广场升旗的时候唱就会有更加深刻的体验，这就是情境的心理作用。因此，在教学中，我们可以根据音乐作品创设不同的情境，让学生在特定的情境之中增加对音乐的情感体验。

1.通过音乐创设情境体验情感

在教学中，教师想到了许多激发学生情感体验的方法，如讲故事、图片、播放视频、表演等。当然，这些都是很好的方法。然而，在教学中存在着一种误解。从音乐入手往往被认为缺乏新意，方法单调。实际上不是这样的。例如，我们在学习唱彝族歌曲《彝家娃娃真幸福》时，为什么不能直接进入音乐，用音乐的魅力感染学生，直接唤起他们的情感体验呢？我们必须从我国的 56 个民族开始，然后再到彝族，再出现这首歌曲。这是一种直接用音乐创造情境的方式，也是一种值得提倡的方式。在音乐的感染下，我们可以获得初步的情感体验，然后再用其他方法来扩展和增加情感体验。

2.根据教学内容创设情境体验情感

音乐教学的内容十分多彩，与学生的生活密切相关。不同的内容表达不同的生活情境。在教学中根据教学内容创设情境，可以起到事半功倍的效果。例如，当学习演唱《火车开了》这首歌时，我们可以把教室装饰成火车站。学生的座位是一列客车，教师是售票员，所有的学生都是乘客。知识点设计成门票，如节奏、旋律的视唱等。回答正确之后才能检票上车。在师生一起开火车的活动中，学习了歌曲，并表演"火车开了"的游戏。这种音乐情境不仅营造了列车的情境，而且营造了轻松愉快的情绪，有效地提高了学生对音乐欢快情绪的感受。

情境的创设必须立足于音乐教学的内容。它必须简单、清晰、朴实，而且不能太过沉重，也不可喧宾夺主。此外，没有必要为每节课都创造一个情境。必须有目的性地选择和实施，必须根据具体的教学内容来确定。这样可以事半功倍，否则只能是画蛇添足。

3.通过音乐表演创设情境体验情感

表演是创造音乐情境的好方法之一。从简单的节奏、歌曲表演到小型的音乐剧表演，对激发学生的情感体验有很大的作用。例如，在学会唱《两只小象》之后，我们可以根据音乐形象引导学生按照自己的方式表演。他们会跟着音乐唱歌，模仿小象的动作。有的同学还可以发挥自己的想象力，模仿小象拍手、跺脚、小跑的动作，有的同学还设计了小象摔倒在河边互相帮助的情节。他们很有想象力。在这种情况下，不仅激发了学生的情感体验，而且发挥了学生的音乐创造力。

（四）教师示范法

中小学生的生理与心理特点决定了他们情绪的波动性比较强，很容易被感染、被激励，因此，教师就可以利用这一特点通过自身良好的示范激发学生的情感体验。教师正确的示范可以让学生借助听觉、视觉、触觉等器官建立正确的动作表象，让学生看到语言所不能表达的一面，是学生通过直观的感性认识获得情感的主要手段。我们也经常能够看到那些专业素质比较高的教师（尤其是能力强、经验丰富的特级教师）所上的音乐课，那优美的琴声和动听的歌声非常具有感染力，激发起学生内心深处的情感，增强他们对音乐的感受与理解。比如，指导学生学唱舒伯特的《摇篮曲》时，教师以朴素柔美的演唱、声情并茂的示范，可以从情感、意境上给学生以深刻启示和指导，学生在歌曲美好的意境中，在情感的带动下，很快就会有感情地学唱歌曲。然后，教师又以细腻而婉转的民歌唱法演唱了东北民歌《摇篮曲》，学生从教师的演唱中，体会着亲切温柔的母爱，同时，又对中西方两首《摇篮曲》表达音乐情感的创作手法有了进一步的了解。

一个精彩的演示可以给学生更直观、更生动的指导。它对培养学生的音乐兴趣，感受音乐中的各种情感，借助声音表达情感的能力有积极的作用。当然，示范不仅是教师的教学行为，也是学生协助教师进行教学的实践活动。在教学中，教师可以邀请具有声乐、舞蹈、器乐等艺术特长的幼儿为学生表演。学生的展示和讲解贴近孩子的生活，为有特长的学生搭建了一个展示自己情感的平台，同时也激发了其他学生的情感去学习和理解音乐。

（五）生活体验法

音乐与我们的生活密切相关，生活本身就是一首美妙的交响乐。音乐在生活中无处不在，只是看你是否善于在生活中发现音乐，体验音乐的美。

启发学生用身边一切可利用的资源（人声、乐器、生活用品）发现、模仿和创造自然界美妙的音效：用蛙鸣筒模仿青蛙的叫声；用自己的嗓音模仿蟋蟀和小鸟的叫声；用手握废纸模仿下雨的声音；用杯子交替倒水模仿小溪的声音……学生在聆听、探究、创造中体验着音乐的美妙，发现音乐真的是无处不在，音乐与我们的生活密不可分。

（六）背景辅助法

了解作者创作音乐的背景，对于学生准确理解作品的情感是必不可少的。如贝多芬《第九交响曲（合唱）》第四乐章的合唱《欢乐颂》在贝多芬的全部作品中有独特的地位，是他在交响乐领域的伟大成就和总结，它集中体现了贝多芬的思想境界、革命热情和艺术理想。该作品写于1822年，完成于1824年并首演于维也纳。

这一时期也是法国资产阶级大革命理想和成果被彻底摧毁的时期。作者在该作品中引导听众通过阴暗和绝望、痛苦和深思、冲突和斗争走向全人类的自由和解放、胜利和欢乐、歌颂和赞美、团结和友爱。因此很有必要把作者及创作背景介绍给学生，使学生在了解概念的基础上，对音乐大师及创作两年多的伟大作品的背景及过程有准确而深刻的了解。当《第九交响曲（合唱）》预演时由已经耳聋的贝多芬亲自指挥，全曲演奏完毕，听众深受感动，高声欢呼，掌声如雷，但贝多芬毫无知觉，还是经过演出者的提醒，他才看到了感人的场面，含泪答礼……学生们在为贝多芬创作的伟大音乐感到震撼的同时，也被大师的坚强、刚毅所感动。《欢乐颂》的主题，好像一缕阳光突破浓密的云层洒向大地，整个欢乐的主题渐渐拉开序幕，贝多芬真正的理想王国就在眼前！

第三节　音乐想象力和音乐记忆力的提高

一、音乐想象力的提高

提高联想力和想象力是发展形象思维的重要手段。音乐不具象性的特点更有利于联想力和想象力的发展。在音乐教学中提高联想力和想象力一般可采取以下方法：

（一）储备

"储备"包括音乐知识的积累和相关资料的查询收集。学生要有相应的音乐知识之后才有可能欣赏作品，才能展开想象，而音乐知识的积累可以是课堂上，更多的是在课外。现代社会的迅速发展，使得音乐艺术空前繁荣，广播、电视、电脑、手机等传递信息的设备日新月异，实际上学生每天从家庭和社会上接受的音乐信息要比音乐课堂上多得多，而课堂教学则把这些音乐信息整合，把正确的、积极的音乐信息传播给学生，使他们有正确的审美能力和审美情感。

相关资料的查询和收集，是学生主动参与的一种形式，在这个过程中，学生能获得意想不到的收获和喜悦。比如：在欣赏《新疆好》这首歌曲前，可以布置学生收集有关新疆的资料，包括人文、地理、风貌、民俗、建筑、服饰，特别是新疆的歌曲，有文字的，有图片的，有音像的，由此可以更全面地了解新疆这个美丽的地方。在介绍音乐家时，学生可以从自己收集的材料中介绍音乐家的生平、作品、短篇故事，甚至个性特征，从而客观地评价一位音乐家，更深入地了解其作品的内涵。在音乐教室，可以设置信息角，分享学生收集的不同类别的信息。当学生有了更多的知识储备，就有了想象的可能性，否则只能是瞎想、空想。

（二）聆听

音乐艺术的一切实践活动都必须依赖于听觉，因此聆听是培养音乐想象力的关键。教师如何引导学生全身心地投入聆听音乐中去，在聆听中感知、认识、理解音乐作品的内涵，设置问题是"聆听"的重要环节。

在听前，教师要有目的、有意识地给学生提一些问题，有的问题带启发性，如欣赏《伏尔加船夫曲》，听前教师出示几个准备好的问题，例如：歌曲的情绪如何？曲子的速度如何？力度怎样变化？你听后有什么感觉？让学生带着问题有目的地聆听。有的问题可以煽情，比如，欣赏《长江之歌》，教师可以充满激情地朗诵歌词，然后问：作者是如何用音乐来表现长江的宏伟、赞美伟大的祖国的呢？学生在这种氛围中自然会融入音乐之中了。有的问题带有激将法，比如，欣赏《采茶扑蝶》就可以问：乐曲中有一种特别好听的又不常见的乐器在演奏，不知你们能听出来吗？有的问题要创设意境，如《天鹅》，教师可以问：波光粼粼的湖面上，微风轻拂，岸上柳枝摇曳，远远地天鹅过来了，你们能想象一下天鹅是什么神态吗？通过提问，能使学生全神贯注地听，思维想象也因此而积极主动。

（三）感受

"感受"也就是体验，在这个过程中，教师可用多种方式引导学生参与到体验——欣赏——想象的过程中来。

1. 有感情演唱

引导学生有感情演唱，有利于学生把握音乐形象，使学生在演唱过程中体验感受，抒发情感，使学生的音乐思维和内心的激情真正调动起来，更好地获得音响体验。当学生入情、入境地去体验作品时，便能更好地展开联想和想象。

2. 乐器演奏

演奏是丰富情感、充实心灵的重要途径。当音乐熟悉之后，会乐器的同学可用乐器来表现自己对乐曲的感受，学生通过自己亲身的、手指可以触摸到的演奏，才能全身心地浸透到音乐之中。

3. 利用多媒体

多媒体的辅助教学使学生更直观、更形象地感受音乐作品。如欣赏《牧童短笛》，在音乐声中我们看到江南水乡，天真烂漫的小牧童在和老水牛嬉戏、玩耍，一幅淡淡的水墨画展现在面前，在音画完美结合中，学生对音乐作品的感受更进了一步，同时美妙的画面也充实了自己的想象。

（四）描述

"描述"就是让学生说出聆听作品后的感受。让学生把自己对音乐的认识融注于对乐曲的音响感知、情感体验和联想想象之中，再加以描述，把自己的感受和别人分享，并通过别人的描述充实自己的想象。教师要正确引导学生的想象，只有在音乐的基础上想象越丰富才能感受越深。我们可以鼓励学生大胆地想象：把你的想象告诉大家，让我们一起更多地感受音乐。

（五）表现

"表现"就是通过某种方式表达对音乐的感受。学生通过体验、想象、情感体验有感而发，通过"表现"抒发情感、升华音乐想象、展现个性。正如唐诗所云："感时花溅泪，恨别鸟惊心"，花还是那个花，鸟还是那个鸟，怎么就能使人溅泪，怎么就能使人惊心呢？这样丰富、细腻的情感，就是通过"表现"的形式表现出来的。表现的方式有很多：演唱、演奏、绘画、写作、情境表演、再创作表演等。比如，欣赏《牧童短笛》后，学生可以根据自己对音乐的理解画出图画。

例如，一些画显示牧童和老水牛玩耍；有的展示孩子们玩水仗；有些画是牧童骑牛比赛等，可以根据音乐的三个部分画三幅不同的图画。学生们把自己对这幅作品的理解和想象融入了这幅画中。有的孩子喜欢写，可以写一篇漂亮的文章，把自己的感受和想象融入笔尖中。再如，在欣赏完《采茶扑蝶》后，学生可以进行表演。他们用舞蹈来表现采茶姑娘的轻盈与优雅，并在表演中加入了自己的再创造。他们把闪闪发光的银纸切成细条来造雨，姑娘们在雨中的欢声笑语，嬉戏玩耍；有的还增加了女孩们在小溪边把溪水作镜，梳妆打扮的情景，在小溪边表演的过程中，孩子们既要合作，又要独立表演，还要集体创作，这是一个把个人的想象和集体的想象相结合的过程。

在欣赏大提琴独奏《天鹅》后，学生们还可以通过演奏把自己的感受表现出来。如可以用圆号演奏柴可夫斯基的《天鹅湖》主题，或用小提琴演奏《沉思》，用钢琴演奏《梁山伯与祝英台》的主题，因为这些音乐所表现的情绪与《天鹅》相似，都有一丝淡淡的忧愁，扩大了学生感知的领域。

二、音乐记忆力的提高

记忆在形象思维过程中有着重要的作用，没有记忆的表象就不可能进行形象思维，记忆力强形象思维能力也会增强。许多艺术家、科学家的记忆力都是非常惊人的，所以他们才能取得伟大的成就。音乐对于提高人的记忆力有着独特的作用。美国精神病学家史蒂夫·史密斯说："音乐可以使人们的记忆活跃地集中起来，因而能增强记忆力。"

他在得克萨斯大学的两组大学生身上进行了一系列的实验。参与者被指定学习相同的材料内容。其中一些人在完全安静的环境中学习，而另一些人则在不太吵的古典轻音乐中学习。伴随学习，后者比前者在消化和理解材料的内容上效果稍强。虽然我们不能夸大音乐的作用，但音乐促进记忆的作用在客观上仍然存在。因此，在音乐教学中应尽量发挥音乐的这种特殊作用，促进记忆的提高，发展形象思维。下面就为大家简要介绍一下提高记忆力的几种方法：

（一）放松记忆法

放松记忆就是在一个良好的情绪状态下进行记忆。音乐帮助人们保持良好的情绪状态，它可以使人感到平静，情绪稳定，并有助于增强记忆。因此，在音乐教学中，必须要培养学生音乐的耳朵，培养他们养成欣赏音乐的良好习惯。首先，我们必须有一个好的欣赏课。这是培养学生鉴赏能力的主渠道。此外，我们必须把欣赏贯穿于整个教学过程。其次，我们必须创造一个良好的校园音乐环境。例如，有些学校在上午、中午、课间的固定十分钟会播放柔和优美的音乐，营造高雅优美的音乐环境，效果非常好。有些人认为这段时间是学生活动的时间。乱哄哄的谁会听你的音乐？实际上不是这样。此时，音乐是背景音乐，可以缓解紧张的氛围。久而久之，可以减少吵闹的情绪，让学生感觉稳定，实现文明休息，不是很好吗？当然，也不排除热爱音乐的学生可以通过音乐获得美的享受，一举两得。当然，所选的音乐要以中慢速为主，音量不宜过强，作品要短小，要经常变化，以引起学生的兴趣。此外，我们每天坚持五分钟的音乐欣赏广播，经常举办一些小音乐会，让校园充满音乐之声。学生可以在健康优美的音乐中身心放松，保持良好的情绪状态，对增强记忆力是会有很大帮助的。

（二）兴趣记忆法

兴趣记忆就是在对某种事物产生兴趣的情况下进行的自觉记忆。传统教学中那种死记硬背的记忆方法实在害人不浅。虽然从表面上看学生也记住了不少东西，但那是在教师的强制下被动完成的。学生在这种被动的记忆中不知不觉地丧失了学习的兴趣，以致产生厌学的情绪，所以这种方法必须改革。

（三）联想记忆法

美国哲学家兼心理学家威廉·詹姆士说："一件在脑子里的事实与其他事物发生联想容易做好记忆。"联想记忆就是用联想的方法进行记忆。在欣赏音乐的时候要善于联想，把联想到的场景与音乐结合起来便于记忆。如我国古曲《春江花月夜》的主题反复变化，只要记住《江楼钟鼓》便可纵览全曲。联想起江南的秀丽景色，斜阳西下，余晖映照在湖面上，远处传来阵阵箫鼓之声，诗情画意令人久久难忘。以上是标题音乐的联想记忆。无标题音乐的联想记忆就要靠平时丰富的表象积累，联想起音乐表现的情感进行记忆。

（四）对比记忆法

对比是音乐创作中最常用的方法，也是一种联想形式。对比记忆是通过两种性质相反的音乐进行的记忆。对比越强，记忆越深。这就像反义词在单词中的记忆一样，高低，黑白，大小，不仅记忆深刻，而且理解也深刻。此外，音乐的体裁也存在反差，如催眠曲的美与进行曲的庄严；舞蹈节奏、华尔兹三拍子节奏与波尔卡二拍子节奏的音色的对比；弦乐与管乐的对比，高音与低音的对比；还有音乐情绪的对比等。通过对这些音乐手段的对比，很容易增强记忆。

（五）表演记忆法

表演记忆是指通过演唱、演奏及表演进行的记忆。通过音乐活动提高记忆是最好的方法。唱歌是音乐教育最主要的实践活动，特别是在中小学阶段。通过唱歌学生可以获得情感的体验，音乐感的训练，兴趣的刺激，成功的体验，这时的记忆要比一般的记忆强得多。正如舒曼说过的那样："声音不好无关紧要，只要不是凭借乐器的帮助，而是认真地看着乐谱来唱歌，听觉就会变得敏锐起来。"

演奏同唱歌具有同等重要的意义。在音乐教学中，歌唱与表演并重。这是音乐才能中的两种最基本的能力。演奏对记忆有很大的影响，因为演奏完全是靠内心对音乐的听觉来完成的。它需要强大的音乐记忆才能通过演奏来表达音乐，它可以通过音乐记忆的内在听觉随时纠正演奏的错误。表演是在音乐内容的基础上创作出简单的律动或具有一定情节的戏剧，如《大鹿》《小红帽》《龟兔赛跑》等，学生在其中扮演一个角色。在音乐中进行表演所获得的记忆是较为深刻的。

（六）重复记忆法

重复记忆就是在不断反复的过程中进行的记忆。不言而喻，要记忆就要不断地重复加深印象，才能获得牢固的记忆。问题是怎样重复，是机械地重复还是科学地重复。传统教学中的死记硬背就是机械地重复，我们应提倡科学地重复。

1. 重视第一次记忆

第一次记忆是记忆的基础，应尽可能地清晰、巩固，要使学生在兴奋的状态下进行记忆。上面所列举的几种记忆方法都可以提高第一次记忆的质量。当然第一次的记忆是不持久的，这就需要进入科学性重复的第二步，即理解记忆，而不是继续重复。

2. 理解记忆

虽然还是重复记忆第一次的内容，但要在理解的基础上进行。通过多种方法在理解记忆内容的基础上重复记忆，使记忆更加深刻。

3. 运用记忆

运用是最好的重复记忆，只有经常运用记忆中的内容，才能获得更牢固的记忆。如果要记忆一段旋律，首先要对这段旋律感兴趣，在教师的指导下进行初步的记忆。但此时的记忆并不强烈，经过师生的共同研究和分析，在了解了音乐的元素和音乐的表现之后，记忆又向前迈进了一步。最后，整个记忆重复的过程都是通过唱歌和演奏来完成的，使记忆更加深刻。当然，也有必要多次重复这个过程，使记忆逐渐牢固起来。

（七）形象记忆

形象记忆是常用的一种方法。形象记忆分为视觉形象记忆与听觉形象记忆两种。视觉形象记忆就是在视觉形象的基础上进行记忆，如联想记忆就属于视觉形象记忆。一般来说，视觉形象记忆不容易遗忘，如只要看到洁白清纯的茉莉花，自然会想起优美的《茉莉花》的旋律；只要看到黄河的形象，那气势磅礴的《黄河大合唱》就会在你心中回响。听觉形象记忆是一种独特的音乐记忆方法。它是一种以音乐和声音为基础的记忆，特别是内在听觉能力的形成，对听觉形象记忆的发展至关重要。一般来说，可以采用以下方法来培养内心听觉形象记忆。

1. 默唱

默唱的能力不是短时间能培养的，首先要让学生养成听觉思维的习惯，在听的基础上先唱出来，在教师认为准确的情况下再让学生默唱。

2. 听记

教师弹奏一段旋律，学生把旋律记录下来，这是一种非常有效的形象记忆方法，可以由一个音、几个音、一句旋律到一段旋律逐步发展。

3. 听辨

教师出示几张旋律卡片，然后弹奏其中一张的旋律，让学生指出教师弹奏的是哪一张。

4. 改错

教师出示一张旋律谱，让学生默唱，然后教师故意弹错其中某个音让学生挑出来。

第四节　创造性音乐活动的开展

音乐教育对创造性思维的发展具有重要的促进作用。如何通过中小学音乐教育促进创造性思维的发展？首先，我们必须正确理解创造的意义。关于创造的知识有两种：狭义的和广义的。狭义的创造就是利用已有的知识产生新的思想，发现和创造新的事物。例如，科学家的发明和创造，艺术家的艺术作品，作家写的小说和诗歌，艺术家的绘画，音乐家创作的音乐。广义的创造是创造性地将所学知识应用于实践的过程。这一意义对中小学生来说更为重要。所以，不要被创造的大帽子吓倒，以为只有科学家和艺术家才能谈创造。事实上，在学生的成长和发展中，创造因素一直存在。正如我国的教育家陶行知先生所说："处处是创造之地，天天是创造之时，人人是创造之人。"

一、音乐教育对创造性思维的影响

由于音乐艺术具有不具象、无语义等美学品格，所以，在音乐审美欣赏活动中创造性思维占有非常重要的位置。

从价值意义上讲，创造性思维发挥、参与的程度，不仅决定了主体的音乐审美感受水平，还影响着主体的创新精神和创造性思维的培养。

（一）音乐审美既需要发散思维也需要辐合思维

与其他艺术形式相比，绘画、雕塑等造型艺术的欣赏，是以视觉形象为依据，文学艺术欣赏以语言和文字描写的人物形象和客观事物为依据，它们都产生联想和想象的具体对象和依托，都是在作品内容确立的"实体"范围内进行再造想象的。但音乐欣赏的对象是看不见摸不着的，又没有具体的语义内容（歌曲中的歌词系文学性质，歌曲是音乐与文学的综合艺术，当作别论），因此音乐欣赏中的联想和想象更自由、更广阔，不仅有再造想象的成分，还有创造想象的成分。在聆听音乐的过程中，可根据自己的生活经历和情感体验，进行自由的联想和想象。所以，康德把音乐划归为"自由美"，黑格尔认为音乐的"中心内容是主体性"[①]。

事实的确如此，人们欣赏一部纯音乐作品，同欣赏一部小说或戏剧不同。在音乐欣赏中，欣赏者的联想力、想象力不受任何特定的环境、情节、人物所束缚，不必让自己设身处地去体验某种特定的环境，特定冲突中的人物感受。欣赏者可以不受这些限制，最大限度地把自己投射到音乐中去，让自己的联想力、想象力充分自由地发挥，表现出极大的自由性和随意性。"它有时候可能是随着乐曲发展而展开的连续的鲜明的形象画面；有时候可能是瞬间、片段的生活场面的显现；有时候也可能只是与形象相关的词语或意念的想象……"[②] 它带有自由性与随意性，表现形式多种多样，也往往因人因地而异，明显地带有欣赏者个人的色彩。

在音乐审美欣赏活动过程中，主体的联想、想象等心理要素一旦活跃起来，就需要也可能展开全面性、开放性、广泛性的思维活动。这种思维活动，就是通常所说的"发散思维"。正是因为发散思维的存在，使得不同的欣赏者即使同时欣赏同一首乐曲，也会产生不同的情感体验和音乐形

---

① 廖家骅.音乐欣赏与创造性思维 [J].中国音乐教育，2002（1）：19-22.

② 于润洋.音乐美学史学论稿 [M].北京：人民音乐出版社，2004：45.

象，而且这些体验和形象绝不会有任何雷同。当然，音乐欣赏只有发散思维是不够的，必须辅之以辐合思维，才能完成从感情欣赏到理性欣赏的全过程。辐合思维并不是要得出"统一的视觉意象"，而是引导欣赏者的联想、想象活动在作品表达内容的基本范畴内进行。正如王朝闻在一篇文艺欣赏的文章中说的那样："虽然有的理论家说'有一千个读者就有一千个哈姆雷特'，然而，人们总不至于因为欣赏者的不同而把哈姆雷特当成堂吉诃德。"音乐欣赏中的自由想象基本上也是如此。想象虽然是自由的，但不是任意的；虽然是能动的，但不是无根据的。无论欣赏者自觉与否，音乐欣赏中的想象活动总是要受音乐作品本身的制约，指向一定的方向，这就是辐合思维。

（二）音乐审美既需要形象思维也需要抽象思维

音乐作为一种表达艺术，特别擅长表达和激发情感。但由于其表现手法的局限性，不可能同时以具体的音乐形式直接传达现实生活的具体形象和作者的思想。这就要求欣赏者在欣赏过程中，通过联想、想象等形象思维活动，来补充音乐所不能直接表达出来的这些方面，使声音的艺术形象由感觉的有限通向想象的无限；另外，尽管造型性或描绘性音乐力图运用音乐本身的手段来具体描绘与表现客观世界的真实画面，诸如自然风光、人物形象、生活场面以及戏剧情节等，但是，无论其对客观世界的描绘怎样形象生动、独具匠心，它毕竟还是一种声音形象，欣赏者只有通过联想、想象等形象思维，才能把它转化为客观世界的形象和意境。也就是说，从以上两个方面来看，无论是从进一步体验音乐情感表达的生活内涵，还是从理解描述性或造型性音乐的形象上来看，音乐欣赏都需要联想、想象等形象思维去发挥积极作用。

音乐欣赏中的形象思维，与其他艺术欣赏中的形象思维有所不同。音乐形象思维是以对音响激起的情感体验为基础的。由于欣赏者的生活经验、情感积淀、文化修养等不尽相同，因此每一个人在音乐欣赏时获得的情感体验也不尽相同。这一方面说明，音乐表现内容的不确定性和音乐欣赏中发散思维的客观存在，但另一方面也证实了情感体验在音乐欣赏中的重要作用。所以，有人认为"音乐形象实质上就是情感形象"。

但是，从审美心理来看，音乐形象思维绝不会停留在情感体验阶段，它可凭借情感体验和生活经历的积累，通过联想、想象等心理过程，再造和重组新的审美意象。审美意象的孕育、成熟过程，就是形象思维的创造过程。[①]

由于音乐作品的不同体裁和类型，音乐欣赏中抽象思维的表现形式也各不相同。在声乐作品中，音乐与歌词一起表现形象。因为歌词能清晰具体地表达作品的内容，所以欣赏声乐作品时的抽象思维更加明显，即对歌词所表达内容的理解和认识，而器乐欣赏中的抽象思维更为复杂。固然，它一方面表现为对标题内容的理解，但对抽象思维的真正使用，无论是对标题音乐或非标题音乐的欣赏，更主要的还是表现在对乐曲产生的时代背景，作曲家的生活思想、创作意图，特别是乐曲本身的感情内容和社会意义的认识上面。另外，对严肃音乐（如贝多芬的交响曲）的欣赏，抽象思维还表现为对音乐中蕴含哲理思想的领悟。基于此，贝多芬提出"应该要求人们用理性来倾听我们"的观点。可以认为，贝多芬的话不仅为对他自己的作品的欣赏，而且也为整个音乐欣赏中抽象思维的运用做了雄辩的论证。

在音乐欣赏中从音响感知、感情体验到理性认识的转化过程，不可能离开抽象思维。通过形象思维获得的感性体验，有待于经过抽象思维，上升为理性认识，而理性认识又进一步转化为更深刻的情感体验。正如俄国文艺批评家柏林斯基说的那样："思想消融在情感里，而情感也消融在思想里。"这就说明，音乐欣赏无论如何都不能离开抽象思维。固然低幼儿童对音乐的感受，很难展开理性的分析，但随着知识的增长、生活经验的积累、情感体验的深化，他们对音乐理智性的欣赏会逐步加深，从而达到审美心理的完善和成熟。

（三）在音乐审美活动中培养学生的创造性思维

在音乐审美欣赏中，各种思维元素不是孤立的、不相关的；相反，它们是相互依存、相辅相成的。其中，形象思维是音乐欣赏的基础，发散思维是音乐欣赏的核心机制。二者在音乐欣赏中都占有重要地位。它们的运作直接影响着主体的审美感受，但是还必须与辐合思维、抽象思维有机结合，才能使音乐欣赏从感性层面上升到理性层面，从而实现对音乐作品蕴含内容和意义的深刻领悟。

因此，全面地看，音乐审美欣赏是多种思维要素的综合运动过程，它

---

① 廖家骅．音乐欣赏与创造性思维 [J]．中国音乐教育，2002（1）：19-22．

是由"种种联系和相互作用无穷无尽交织起来"的思维要素协同运动的综合"画面"。尽管各人审美观点欣赏习惯不同，各种思维要素的运用情况可能是各不相同的，甚至还会出现为了某种需要，而有意地强调某一种思维要素的情况，然而，从音乐欣赏的总体来说，多种思维要素的综合运动却是基本的，对于完美的音乐欣赏过程来说，是必不可少的。这种多元一体的音乐审美心理机制，与创造性思维操作有很大的相似性。因此，开展丰富多彩的音乐审美活动必然会有助于学生创造性思维的发展。

创造性思维具有结构多元化的内涵，其构成要素在不同类型的音乐欣赏中的使用情况不尽相同。例如，以海顿、莫扎特、贝多芬等为代表的维也纳古典乐派，在艺术上具有更加深刻的抒情性、戏剧性和哲理性。欣赏这类音乐作品，需要在理性的支配下，把情感体验与哲理思考结合起来，才能达到对音乐作品的充分欣赏。欧洲浪漫乐派尤其注重人的内心感情与主观感受的表现。欣赏这类音乐作品时，理性认识的作用较古典乐派要弱，更多地要求运用联想、想象等形象思维。以德彪西为代表的印象派，把音乐与印象派绘画联系起来，运用声音与光线、形态的类比进行创作，而把思想、感情等精神因素的表现放在次要的位置，使得对这类音乐的欣赏，必须将联想（特别是视觉联想）和想象等思维要素放在更加突出的位置。另外，标题音乐、歌曲的欣赏，形象思维占重要位置；无标题音乐欣赏，形象思维带有更大的自由性、随意性，发散思维显得更加突出，交响乐等严肃音乐的欣赏，抽象的哲理思考往往大于形象思维。

思维要素的运用还表现出很大的年龄差异。幼儿、中小学生在欣赏音乐时，往往以对音乐形象的联想、想象为主，他们的发散性思维非常活跃。但由于知识、经验积累不足，大多须回到辐合思维中寻求正确答案。成年人在聆听音乐时，所产生的形象思维与主体的生活经验密切相关，既有个体差异性，又有群体共性。至于交响乐等高雅音乐更容易为文化修养与生活阅历丰厚的知识层人士所青睐。

然而，不论何种形式的音乐欣赏，都具有多元一体的审美心理机制，对学生创造性思维的发展都有一定的促进作用。通过音乐教育途径，表层上，达到音乐本体训练的目的。深层中，则达到一种生机勃发的思维的培养。就特殊性与个别性意义而言，音乐教育使部分人成长为音乐专门家；而从普遍性与共同性意义上看，音乐教育则使所有受教育者不同程度但可以说是最多可行性地得到创造性思维的训练、熏陶。

二、培养和发展学生的创造才能

（一）养成良好的思维习惯

一个有创造力的人必须养成良好的思考习惯。他会思考他遇到的一切，提出问题，然后用他的知识去解决，从而产生一种新的东西。我们可以看到很多事物的表面，但我们不能仔细去思考，所以不可能做出任何新的创造。但是科学家和艺术家是不同的，鲁迅笔下的阿Q似乎是我们身边的人，但我们却忽视了它的存在。鲁迅以其独特的创作思维能力，从众多的农民形象中塑造出一个典型的人物形象。每个人都见过苹果落地，但只有牛顿才能从这个普遍现象中通过创造性思维发现万有引力。因此，良好的思维习惯是培养创造力的基础。

（二）鼓励学生敢于提出问题

敢于提出问题是有没有创造性思维能力的标志。我们的学生很少在课堂上提出问题，这在很大程度上是教师一手造成的。一种是课堂上没有时间让学生提问；另一种是即使一些学生提出了不同的观点，他们也会受到教师的压制，这严重抑制了学生的思考热情。忽视个性、扼杀创造力是我国传统教育的痼疾。要让学生真正从刻苦学习的状态中解脱出来，就要给学生充分发挥个性的时间和空间，鼓励他们提问，甚至做出非传统的提问。敢于提问是培养创造性思维的唯一途径。没有问题就不会有结果，也不会有创造。

（三）模仿是创造的第一步

模仿是儿童获得知识的第一途径。复杂模仿与思维密切相关。由于模仿需要通过模仿者的思维过程来表达，其中包含了创造性因素，所以我们不应该低估模仿的作用。例如，在歌曲创作的过程中，首先是模仿别人的写作，然后从模仿中逐渐再创造出自己的特点。在低年级声乐教学中，示范演唱是学生学习唱歌的主要方法。它们是通过模仿的歌声逐渐唱出来的。为了培养学生的创造性思维，必须在模仿的过程中进行思维活动，而不是像鹦鹉学舌一样重复，这样不利于创造性思维的发展。

三、创造性的音乐活动

（一）创造性的音乐活动

根据我们对广义的创造的认识，在音乐教学中开展多种多样的创造性的音乐活动，有利于形象思维的发展。创造性的音乐活动是对传统教学的改革，不仅是教育观念的改变，而且教学形式也要跟着改变。

1. 演唱、演奏和欣赏是创造性音乐活动的主要内容

我们常说演唱和演奏是二度创作，欣赏是三度创作，是因为在这些音乐活动中并不是机械地再现原来的音乐，而是要通过自身的创造性思维过程之后才表现出来，所以演唱、演奏和欣赏都具有创造性的音乐活动内容。

2. 创造性的音乐游戏活动

音乐游戏法是把音乐与游戏结合起来的一种教学方法，体现了"玩中学""做中学""乐中学"的愉快教育思想，它可以使学生在没有任何压力的情况下轻松愉快地进行音乐学习。音乐游戏的方法很多，一般可分为模仿性的游戏（如节奏接龙）、创造性的游戏（如开火车）、活动性的游戏（如《巡逻兵进行曲》）、韵律性的游戏（如体态律动）、表演性的游戏（如《大鹿》）等。

3. 随音乐走步

走步看似简单，却是培养学生音乐创造性思维最有效的方法之一。

一是走步是听觉思维的过程。在走步过程中音乐是至关重要的。要随着音乐走步必须经过听觉思维的过程，准确地感知音乐的节拍、节奏、结构等，没有一个良好的音乐听觉能力是不可能随音乐正确地走步的。

二是走步是情感思维的过程。只要有音乐就会产生情感思维。对音乐有了正确的情感体验，就可以通过各种不同的步伐表现出来。雄壮的进行曲有力的步伐，欢快音乐的小跳步，优美音乐的漫步，以及面部的神情及体态的摇摆都是情感思维的表达。

三是走步是创造思维的过程。随音乐走步同体育课的队列走步有很大的不同。随音乐走步是灵活多变的，它不是由教师安排的，而是要经过自己的创造思维编出各种不同的走法，有停、有走、有跳等。

四是走步是动作思维的过程。走步看似简单，但也有动作协调的问

题。有时我们看到有些学生走步一顺边就是缺乏动作的协调能力，而随音乐走步对动作协调能力要求就更高，要求动作更敏捷。走步的音乐可先自编较短的小曲，然后逐渐向名曲过渡。音乐可以播放录音或由学生演奏。由学生演奏效果更好，可创造一个更和谐的气氛。

（二）积极地评价自己和他人的音乐

评价过程包括活跃的创造性思维活动。对他人音乐的积极评价符合儿童的心理特征。他们表达得很好，没有什么顾虑。他们会说出自己的想法，甚至不在乎自己是否错了。如果他们是成年人，他们会受到很多自我约束。因此，在评价过程中，一定要引导学生正确评价他人，让学生认识到只有自己努力、能力高，才能正确评价他人，培养尊重他人的良好品质。此外，评价也是学生人际交往的一种锻炼，让他们敢于在大家面前表达自己的观点，这对他们日后形成与人交往的能力是非常重要的。因此，在音乐教学中，一定要给学生创造充分表达自我的机会。正确评价自己是比较困难的。学生们必须认识到一个人不可能是完美的。首先，我们必须正确地评价自己，然后才能客观地评价别人。

（三）作曲

作曲是一种高层次的创作活动，需要较强的音乐创作能力和思维能力。但不要把它看得太神秘和难以企及。实践证明，只要教授能作曲，学生是完全可以进行作曲的，而且是大有潜力的。作曲是一门专业的音乐技巧课程。中小学音乐教育不能也不应该是专门的作曲训练，应该把作曲看作一种创造性的音乐活动，培养学生的创造性思维，培养学生的音乐学习能力。因此，有必要在作曲活动中结合学生的年龄和知识特点，用最简单的知识去创作音乐，使他们在创作中获得成功的喜悦。中小学生的创作应以歌曲为主，歌曲是音乐化的诗歌。歌词的抑、扬、顿、挫本身都具有内在的音乐性。四句歌词同四个乐句在结构上又十分相似，所以创作歌曲是通往作曲之门的捷径。

万事开头难，音乐的创作也是如此。创造肯定需要创造能力，但开头的第一句话不仅需要创造能力，更需要特殊的创造思维能力和敏锐的音乐直觉。它不仅需要丰富的音乐表现形式的积累，而且还需要创作内容的情感体验。创作一首歌曲，要反复背诵歌词，体验歌词中所蕴含的情感，让之前尚未诞生的第一句话瞬间诞生。就像刘炽创作《我的祖国》一样，在数十首民歌的音乐面貌积累的基础上，在歌词里祖国发生惊天动地变化的情感体验中，一段独特的旋律突然蹦了出来。这个创造性的思考过程花了几天时间。它不仅倾注了作曲家的全部情感，而且有着极大的创作热情和认真负责的态度，使这部著名的经典作品诞生了。

当然，我们不能对学生的创作要求这么高，只要他们能创作出符合音乐规律的作品就可以了。第一句诞生后，接下来的音乐可以通过音乐创作技巧来发展下去，如主题的完全重复、变化重复、对比、变奏、展开、再现等。在这个过程中，虽然可以作为音乐作曲的手法，但创造性思维活动贯穿于整个过程中，随时修改已有的创作，直到创作出自己满意的作品。

第六章　新视角下中小学音乐教育的发展

第一节　新视野下传统课堂向现代课堂的衔接过渡

一、传统课堂与现代课堂的衔接

传统课堂与现代课堂从根本上来说是教学模式上的根本区别，新视角下中小学音乐传统课堂向现代课堂转变是一个不可逆转的趋势，其并不是对传统课堂的完全否认，而是在传统课堂的基础上，加入信息技术等创新发展音乐教育手段和模式。传统的教学观念也为国家培养出了一批又一批的人才，所以我们是要在传统的基础上加入信息技术的手段，使课堂氛围更加活跃丰富，使学生的收获更加方便快捷。

在课堂中，我们的教学大致分为导入、讲授新知、扩展延伸、小结四个部分，在每个部分中，都一样可以使用信息技术来辅助教学，比如导入中可以分为旧知识导入、音乐导入、故事导入、情境导入等等，这些我们就可以借助多媒体来实现。讲授新知时我们可以用提问式、举例式、游戏式、模仿式等等。在扩展延伸时我们可以用诱导式、悬念式，在课堂小结时可以用评价式、辩论式等。

（一）导入应用

1.旧知识导入

即引用已学过的旧知识点呈现在 PPT 上，带领同学复习之后来引出新知识。

2.音乐导入

即用音乐软件播放新知识相关的音乐，介绍给学生这首音乐的名字和新知识的关系来引出新知识。

3. 故事导入

即讲一个新知识相关的故事，可以用动画边给学生看边讲，来吸引学生们的注意力，从而引出新知识。

4. 情境导入

即预设一个情景或让学生想象某个画面，随之播放安逸静谧的轻音乐，把学生的感受带入音乐中，培养课堂氛围，从而导入新知识。

（二）讲授新知应用

1. 提问式

这种方式有助于吸引学生注意力，但是要注意提问的问题一定要有意义，要抓住学生的兴趣点和新知的相关内容提问，为了使学生更快更准确地抓住知识点就可以用图片或者音乐、视频之类的内容来做适当提醒。

2. 举例式

这种方式可以使课堂更加妙趣横生，在讲授过程中，教师可以通过口头语言、文字、音响等教学方式来列举自然界或者社会生活中常见的自然现象和实际事例来帮助学生更加清晰深刻地理解新知识。

3. 游戏式

教师可以在课堂上运用相关游戏软件，带学生一起进行游戏，不仅游戏种类可以多种多样，还可以增加教师与学生的情感沟通与学生之间的团结能力，这种方式可以激励学生学习的主动性，引起学生兴趣点，让学生在不知不觉中收获丰盈。

4. 模仿式

这是最基本的教学方式，在传统课堂上学生只能听或看授课教师的声音和动作来进行模仿，这样的形式易受教师技能的限制，而在现代课堂上教师完全可以根据需要查找行业内专家们的表演来供学生观察和模仿，甚至可以把不同专家的优缺点进行对比，让学生取其精华去其糟粕地进行学习和模仿。

（三）扩展延伸应用

1. 诱导式

这种方式是指学生在学了新知识以后，对于新知识的某一特点来进行延伸，这样可以加深学生对新知识特点的印象，又可以根据这一特点来了解其他相关作品，教师可以根据相关内容准备好学生会联想到的各种作品，在诱导学生说出后，..用多媒体展示给其他学生看，可以将扩展内容普及给所有学生。

2.悬念式

这种方式是指在学生了解新知识后，给课堂结尾留个悬念，指出新知相关的某些特点，给学生留充分的空间去想象和查找，供下次课的巩固来使用，学生们可以根据教师提出来的关键词在网上搜索，并且找到相关知识做积累，总结出问题供下堂课来解决。

（四）课堂小结应用

1.评价式

即在新知识讲授之后，让学生们来谈谈对新知识的了解，可以发表各自不同的看法，为了让学生感受自己提出来的评价的准确性，教师可以在网络上搜索相关的支撑或者否定的案例，来给学生们的想法提出合理性的建议。

2.辩论式

通过新知的相关内容，引出两个不同的观点，让学生谈谈各自的看法，还可以留作课后作业，让学生查找两种观点的支撑内容与否定理由，突出的重要问题还可引出辩论会模式，供下堂课解决。

二、现代音乐课堂体系的构建

（一）教学方式的多元化

新视角下的中小学音乐教育，教师可以利用多样的信息技术来丰富课堂教学，增加课堂氛围，提高学生学习兴趣，有效的教学方式可以使学生在学习过程中更加快捷、扎实，并且可以举一反三地丰富自己，提高学生的分析能力与自学能力。首先教学方式的选择要根据教学目标的不同，选择适合的技术来辅助，比如在歌唱教学中，目的是让学生学会演唱歌曲的曲调与歌词，所以可以选择歌曲相关音频或视频放给学生听，让学生熟悉歌曲旋律，也可以选择相关故事内容来介绍歌曲背景，还可以朗读或者演绎歌词内容来纠正歌词发音和理解歌词内涵。如果是欣赏教学，可以利用图片或者视频来欣赏不同的人或者乐器带来的不同感受，还可以根据相关背景或者相同演绎形式的作品来对比要欣赏的作品特点。对于知识点的介绍可以通过微课、动画或者游戏等形式，即吸引学生注意力又可以让学生深刻掌握，甚至可以根据日常教学经验用数据分析出学生的薄弱项和兴趣项，由此研究出针对性的教学方案。

（二）教学评价的人性化

"学习评价"的本质是"学力评价"①，这是一个新兴的概念，也是值得当下教育教学者思考的，"学业评价"和"学力评价"可以说是我国教育评价新旧观念的本质，前者"学业评价"是传统的教学观念下的产物，旨在以学习成绩为基准，根据学习成绩的高低来判断一个学生的能力，这种思想明显地存在片面化，因此目前的教育提倡的是综合性的"学力评价"，展开来说就是学习能力的评价，这里面除了包括之前的认知能力（也就是成绩）以外，还包括表达能力（感应能力、表达能力、肢体动作能力、劳动能力）与作为人格特征的社会能力（价值观、世界观、集体意识、纪律性），即人格特征（意志、信念、情感、行动力）。这种评价方式是从学生的整体来看来评价，非常符合当今社会普及的素质教育观念。

（三）教学观念的民主化

所谓教学观念的民主化指的是教学观念从传统的"以教为主"转变成现代的"以学为主"，也可以说目的是从"被动学习"转变成"能动学习"，就是说以学生为主，同时把教学中学生与教师的关系平等化。其实早在春秋战国时期，孔子就提出了"有教无类"和"因材施教"的教育思想，说的就是教师在教学中应该尊重每个孩子，根据孩子的需要进行培养，由于每个孩子都有他不同的思维模式与成长环境，因此对于知识的接受能力有很大的差别，大部分的教师会因为孩子接受能力慢，怎么教都教不会从而放弃学生，最后家长和学生自己也放弃了学习，个别孩子还会因为教师的否定产生自卑心理，导致自闭倾向或者误入歧途。因此作为一名教师该正视每个孩子的差异性，不该对所有孩子有一致的要求，对于接受能力好的孩子，可以要求高一些，对于接受能力差的孩子也要适当地鼓励，好的教育观就是要涉及每一个孩子，尤其是年纪比较低的孩子，要做到"以人为本"，还要做到"不放弃任何一个"，真正把"教会学生知识"转变成"教会学生学习"才能符合当下提倡的素质教育理念。

---

① 钟启泉.课堂转型[M].上海：华东师范大学出版社，2017：19.

第二节　新视野下中小学音乐新型课堂模式探索

一、以音乐素养为核心的 MOOC 模式

慕课（Massive Open Online Course，缩写为 MOOC），指的是大规模的开放在线课程，是信息时代下教育界的产物，也是一种新型的课程模式，它的目的是形成一个以兴趣为向导，不受身份、时空、人数等条件限制的大规模课程。在目前的实施中取得了不小的成绩，真正地做到了以素养为核心，培养能够适应终身发展和社会发展需要的全面性优秀人才概念。

（一）准备相关制作材料

首先制作慕课要介绍自己课程的相关信息，包括课程的名称、内容、任务量、适应对象、教授课程的教师简介、课程教学的开始日期与持续时间等教学安排、课程大纲设计与课程先修知识和是否颁发结业证书等。

（二）课程相关视频录制

课程相关视频包括课程宣传片的录制与课程讲座内容的录制，课程的宣传片指的是在介绍课程大致内容的一个简短的总结，基本时间在十几分钟左右，内容要包括课程教学方向的介绍、教师团队与教学安排的介绍及课程建议与适合学习的对象的介绍等等。课程讲座的录制就是真正的教学内容的录制，大部分情况下是把一堂 1～2 个小时的课程，分开编辑成 5～15 分钟的课程再传送到慕课平台，使学习者可以分部分、分知识点地学习相应知识，使学习者可以有针对性地选择想要学习的或者没有听明白想要重复再听的内容。除此之外在教学过程中需要用到的课件（PPT）也要上传到平台上供学习者使用，可以真实有效地提高学习效果，并且方便学习者对于自己学习内容的总结。

（三）课后评价与测试的设计

慕课的一大特点就是在学习过程中和课后都可以设置相关的测试来测验学习者接受知识的程度，这就分为嵌入式测验和独立测验，嵌入式测验

是指在学习过程中根据学习内容临时提出来的测验，一方面可以了解学习者关于刚刚讲过的内容是否理解，另一方面还可检验学习者是否一直在线认真听课，慕课的另一大特点就是还可以通过同伴互评和讨论区了解到学习者疑惑的相关问题来及时地帮助与解决，使教师与学习者在网络上实现零距离接触。教师可根据上课内容来布置相关作业，学习者完成作业后也可上传至网络供教师和其他同学查看，这就形成了同伴互评，学习者们可以根据同伴们的作业来互相提出问题和发表看法，除此以外还有一个专门供学习者们讨论的讨论区，学习者们可以在此区域发表未知问题，由老师和其他同学给予解答与讨论，根据得到的答案学习者可以启用已解决或者未解决标签，能够清楚地看到本课程内容相关知识点的讨论与学习者的活跃程度。

二、以艺术测评为目的的微课模式

"微课"主要指的是短视频课程，它的特点就是视频短小精炼，教授内容具有针对性，可以是练习测试、观点讲述、教学反思、教师点评等，并不追求以偏概全，指对某个或者两个问题进行阐述或者证明，这就是与其他课程的最大差别之处，因此它可以在课堂中用于重点难点问题的解析，会更加地使学生清晰、深刻地掌握内容，大大地降低了讲授重难点所花费的时间，从而增加了课堂中接受知识的范围。

（一）微课的主要特点

1.教学时间较短

一堂微课的时间一般在 5 ～ 8 分钟，这是微课最突出的特点，也就是因为时间较短的缘故，这种教学模式被称作微课。从课程时间可以得知，相对的微课占用计算机的空间比较小，基本在几十兆，这也是微课相比其他模式比较好下载与储存的优点。

2.教学内容主题突出、针对性强

微课一般针对的是一个知识点的教学，在短短的几分钟内尽可能地把某一个知识点或者重难点解决。因为内容有针对性，学习者可以根据想要知道的知识点快速准确地得到相关问题的解决。

3.教学形式多样化，趣味十足

微课在设计上没有任何形式上的要求，设计者可以根据自身的喜好来

设计自己讲授知识点的方法，比如模仿教学、动画教学、对比教学、问答教学等等类型。

4.制作过程简单，实用为主

微课的制作基本靠视频的录制，制作过程简单、单一，主要是靠知识点的讲述来进行教学，不过部分微课也是靠技术制作的，比如动画教学中的动画制作技术与对比教学中的视频剪辑技术。

（二）微课的主要类型

按所讲内容和教学对象不同来进行分类，可以分为：

①讲授类。根据教学内容，教师单方面进行讲授，适用于简单的知识点传授。

②问答类。教师通过一个一个的问题来引出新的知识点，既可以复习旧知识又可以学习新知识，适用于较复杂和与之前知识点有联系的内容。

③演示及实验类。在视频中通过实验来讲述和证明所讲知识点的准确性，适用于年龄较小，理解力相对较差的教学对象。

④自主学习类。以学生为主体，引导学生的自主学习意识，充分发挥学生的自学能力，适合年级较高有自觉意识的教学对象。

⑤合作探究类。适用于学生以小组或者团体的方式进行知识的学习，学生之间可以取长补短，达到获得知识量的最大化。

⑥练习类。视频中主要内容是对于已学知识的检测，教师针对已学知识设计不同类型的练习题供学生巩固知识点，多数用于考试前的复习准备。

（三）微课制作需要的注意事项

①选题方面：微课因为是短小的课程，所以在选题方面要有针对性地选择 1～2 个知识点，时间尽量掌控在 5～8 分钟，不适用于复杂的知识讲解。

②字幕方面：后期制作时字幕的速度与语音的速度要一致，一次呈现在屏幕上的字数不宜过多，时间不宜过短，否则会影响教学质量。

③语音方面，微课的语言要尽量地简单、易懂，不宜添加过多的修饰词，语速方面要控制得当，不易过快或过慢，不可用方言教授。

④小结方面，微课的结尾要尽可能地添加小结，对所讲知识进行总

结，有助于为教学效果起到画龙点睛的作用。

三、以教育质量为主导的翻转课堂模式

所谓翻转课堂其核心意义是指以学生为主导的课堂教学模式，也有人称其为"反转课堂"，这种模式与传统课堂最大的区别就在于，学生不仅仅是学习者，也是教授者，在课堂上学生们可以通过自己搜索或者查找到的内容来进行交流，互相提问答疑来解决许多问题，而教师在课堂中的角色则变成了引导者，主要是在学生的交流过程中，予以解释说明或者补充。这样的方式充分地利用了学生的自主学习能力，让学生主动地学习交流，引起兴趣，在提高课堂教学质量的同时还可丰富教学内容，真正地做到了以学生为主的教学观念。翻转课堂的主要特点：

（一）教学视频短小精悍

所有适用于翻转课堂的教学视频都有一个共同的特点，就是短小精悍，学生根据网络上或者教师录制的微小视频来自主地学习知识，再根据学习内容提出相关问题，在课堂上解决，因此要求学生学习的知识点具有具体性和针对性，这样方便学生自主地理解和分析问题，达到教师真正节约上课时讲述知识点的时间，促使翻转课堂有效地实施。

（二）重新建构学习流程

与传统的教学模式相比，翻转课堂可以说是彻底地颠覆了课堂的上课模式，从之前的教师教授，学生接受，到现在的学生自学，向教师发问，经过教师引导和同学之间互动交流中解决问题的过程，充分显示了以学生为主的教学思想，大大地提高了学生的分析能力，达到了以培养能力型人才的目标。

（三）增添学生与教师之间的互动氛围

翻转课堂实现了先学后教的预习化模式，使学生自主地学习未知知识，这样可以大大地节约课堂时间来讲述知识点，从而多数进行探讨与交流，这样的模式平衡了教师与学生在教学中的地位，学生可以对教师进行提问，一来一回地与教师的观念发生碰撞，引出新的内容的同时还可以使学生对获取的知识点掌握得扎实、更牢固。

综上所述，新视角下利用信息技术丰富教育模式，不同的课程用不同

的技术去教学，会产生不同的效果，并不是一种技术适用所有知识点。改善教学模式，使学生能够有效地掌握知识，喜爱音乐，提高学生音乐素养，带动家庭和谐融洽，改善全民整体素质，促进社会健康发展。发掘有效的教学模式，充分在课堂中使用，可以减轻教师上课的压力，活跃课堂气氛，提高教学质量，使学生更有兴趣地进行学习。但是每种技术也都需要教师仔细地研究，因为对于具体的课程运用何种方式，并没有明确的规定，为了能够找出适合自己教学的技术，教师们要根据学情（学生年龄、学习能力、需要内容等）、教授课程（演唱、欣赏、创作等）和自己信息技术水平等方面来思考哪种方式更加地快速有效。

第三节　新视野下中小学音乐对民族音乐的传承

民族音乐具有特殊性，是一个民族的文化经过时间与历史的推演沉淀出的一种艺术体裁，承载着一个民族的音乐灵魂。传承民族文化是每个人的使命，新视角下，我们应该把民族音乐真正落实到中小学音乐教育中，理性传承民族音乐，弘扬民族音乐文化。

一、校园民族音乐环境建设

（一）完善民族音乐文化的设施设备

民族音乐文化设备可以很好地提高中小学生对于民族音乐的兴趣。民族乐器就是很好的选择，每一样民族乐器都饱含着悠久的历史，民族乐器的学习不仅能学习到乐器本身的演奏，也能通过学习乐器的同时学习了解乐曲的曲式结构。民族乐曲，多数曲调源于民间，结构相对于民间歌曲更为烦琐，多段落且完整性强。例如古筝曲《草原英雄小姐妹》，这首乐曲曲式结构是多段式的，整首乐曲是有对比、有再现、有循环、有起承转合等表现手法。音乐情感也是十分饱满并能带动演奏者与听者情绪，音乐发展手法丰富。民族乐器对于中小学生在学校音乐学习过程中有相对简单易于速成的乐器，例如，古筝、竹笛、民族鼓等等，这些乐器市场价格并不昂贵，对比多数西洋乐器价格要低廉得多，并且学习起来也没有想象中那么难，中小学中低年级的学生可以从民族鼓类学习。例如腰鼓，腰鼓是汉族传统用锤敲击的鼓鸣乐器的一种，腰鼓的产生源于生活，乐曲取材也多来源于生活，从发源到现在，历史久远，也备受人们的喜爱，其中安塞腰鼓对于西北黄土地的影响是深刻的，展现的音乐风采也是豪放不羁的。

（二）创设校园民族音乐文化氛围

中小学校音乐教育与民族音乐文化传承两者是互相辅助"蚌与珠"的关系，学校音乐教育是中小学生可以接受到的系统的音乐教育，民族音乐想要传承，学校是最好的媒介。学校提供良性的文化发展环境，才谈得上民族音乐文化的重建与发展。民族音乐文化体现的能量不仅是一种文化价值，它的崛起可以引领整个教育模式的倾倒与转变。学校音乐教育是音乐未来发展的试金石，我们国家也一直在摸索发展的潜在力量。民族音乐教育的价值，有文化传承的分量，也是教育的重要板块。以本民族音乐文化传承作为基础，使中小学生真正通过学校的民族音乐教育感受民族文化。

校园必须为民族音乐文化营造一个良好的文化发展氛围，例如，将学校走廊中画报的插图换成民俗传统故事、我国音乐家简介等，学生下课放学的铃声、广播体操、护眼操的背景音乐换成民族歌曲或民族器乐曲等；音乐教室的布置可以将民族乐器进行展列，墙面做成民族音乐专栏背景墙，将学校民族音乐展演的照片与事迹进行陈列等；广播站每日进行民族音乐知识普及教育宣传等等，都要有民族音乐文化的元素作为填充；定期组织社会民族音乐团体进校展演，组织高校教师定期对学生进行民族音乐宣讲与知识传播。这都是校园重点传播途径。

让学生对于民族音乐的认知与学校息息相关，让学生通过学校的民族音乐文化建设从之前不怎么认识、喜欢民族音乐，到逐渐开始有点喜欢，再到熟悉民族音乐知识并因感受民族音乐而感受快乐。好似进入学校就像是去全国各地音乐采风了一般。提供多样丰富的民族音乐文化环境，尽可能地多在中小学校举行民族音乐艺术比赛，将民间民族音乐工作者邀请到学校对学生进行指导，在各项活动中能让学生学到知识的同时也产生了学习的兴趣。并在学校提供的民族文化氛围中，由内而外地体会到中华民族丰富的艺术成就，也让学生们了解民族。

二、开发具有民族特色的课程资源

（一）校本课程的概念

校本课程就是由学校开发的课程，根据学校的教学环境与教学需求由教师编制，教师也是根据音乐课程标准、国家的培养目标，利用结合本地区与学校的音乐特点，融合到校本课程中。校本课程最大的优势就是将学校资源整合运用。因为认识到音乐课程中民族音乐的存在的价值得不到充分的展示，民族音乐的内容也涵盖得不够全面，校本课程是很好的补充方法，所以想要中小学阶段的民族音乐教育达到很好的教学效果，民族音乐校本课程需要得到钻研。

（二）开发民族音乐特色补充教材

教材的选择要符合中小学生的发展规律，内容难度要适宜、要健康。笔者认为，教材编写最重要的就是理论逻辑思维是清晰的，如果教材中的文化知识都不是准确的合理的，那么教师在教、学生在学的过程中就不可能有好的反馈，甚至于进行教学都很困难。在开发时必须有计划、有目的、高质量地编写地方教材。

（三）加强民族音乐社团建设

民族音乐社团的建设于学生是十分有凝聚力的，民族音乐社团里可以有多重组合，例如：民乐队、民族舞蹈队、戏曲小组等。尤其学校民乐队，组成方式多，规模可大可小。民乐队对于中小学生的好处之一就是在乐队排练的过程中，不仅可以学习到自己演奏乐器的技巧，也可以间接地了解学习到其他的民族乐器。民乐队对音乐教师的要求很高，不仅要对每项民族乐器了解，还要有扎实的指挥、配器技能，在给学生排练的过程中要组织中小学生，根据学生的个人能力与兴趣爱好选择乐器，给学生们普及各种民族乐器的构造，讲解基础的演奏技巧，由于中小学生年龄较小，对于乐器的接受、理解能力与专注力相对较差，教师在选择民乐队排练时的乐曲要循序渐进，以吸引学生通过参与民乐队而对民族音乐产生学习兴趣为目标。对学校的要求是要对民族音乐设备的完善提供尽可能的供给，对音乐教师提供尽可能的帮助与支持。

参考文献

[1] 薛晖，黄超文.中小学音乐 [M].北京：教育科学出版社，2014.

[2] 喻意.中小学音乐创造力教学的理论与实践 [M].北京：人民音乐出版社，2018.

[3] 冯亚.中小学音乐教材教法 [M].郑州：河南大学出版社，2014.

[4] 广东省教育研究院，中小学音乐课程教材改革与发展研究课题组.中小学音乐课程教材改革与发展研究 [M].广州：广东高等教育出版社，2016.

[5] 张莲.学生有效学习与教师专业发展（中小学音乐）[M].长春：东北师范大学出版社，2016.

[6] 王金华，李酉媛.基于核心素养的有效学习与学业评价策略（中小学音乐）[M].长春：东北师范大学出版社，2018.

[7] 张湘君.学生发展核心素养视域下的课堂教学指南 [M].长春：东北师范大学出版社，2017.

[8] 余正霞.信息技术与中小学音乐教学的整合 [J].中华传奇，2020（2）：32.

[9] 潘丽琴.中小学音乐微课视频的开发与应用 [J].中小学数字化教学，2020（5）：51–53.

[10] 杨永乐.中小学音乐课堂 [J].读天下，2020（12）.

[11] 李芳.探究中小学音乐兴趣的培养 [J].科幻画报，2020（12）：30–31.

[12] 黎慧黔.中小学音乐教学方法选取标准 [J].魅力中国，2019（8）：136–137.

[13] 柴玉梅.中小学音乐教研活动的开展分析 [J].软件（教育现代化），2019（7）：86.

[14] 谢春晖.中小学音乐教育改革探究 [J].知识窗（教师版），2019（7）：88.

[15] 帖妍蕾.农村中小学音乐教育现状与解决 [J].课程教育研究（学法教法研究），2019（15）：55.

[16] 朱凌.中小学音乐课堂合唱教学的策略探究 [J].中国文艺家，2020（3）：253.

[17] 李雪晨.中小学音乐欣赏有效聆听教学探究 [J].下一代，2020（10）：60.

[18] 王月恒，林钟.中小学音乐地方课程的实践与探索 [J].参花（下），2021（2）：145–146.

[19] 钱静.文化语境中的小学音乐欣赏教学 [J].中小学音乐教育，2021（1）：28，33–35.

[20] 刘艳萍.中小学音乐教育的创新与实践探讨 [J].读与写，2021，18（1）：248.

[21] 邓艳梅.合唱在中小学音乐教育中的重要性 [J].魅力中国，2019（29）：395–396.

[22] 刘晓敏.游戏教学在中小学音乐教学中的实践探究 [J].中外交流，2019，26（20）：387.

[23] 颜鹏.中小学音乐教学新模式探究 [J].中华少年，2017（23）：200–201.

[24] 陈宁.中小学音乐欣赏有效聆听教学研究 [J].北方音乐，2019，39（12）：117–118.

[25] 曹源.浅谈中小学音乐基础教育的改革与实践 [J].戏剧之家，2019（14）：187.

[26] 孙林娜.谈谈范唱在中小学音乐教学中的运用 [J].魅力中国，2019（6）：48.

[27] 周心源.对中小学音乐教学评价的思考 [J].北方音乐，2017，37（1）：174.

[28] 杨璐.从"欣赏教学"视角探讨中小学音乐教学的衔接 [J].黄河之声，2019（13）：103.

[29] 艾坤.中小学音乐教育改革的趋势 [J].教育科学（引文版），2017（6）：244.

[30] 汪晓松.浅谈中小学音乐课堂教学导入的有效方法 [J].求知导刊，2019（44）：58–59.

[31] 谭皙.反思如何提高中小学音乐课堂教学质量 [J].艺术评鉴，2018（15）：122–123.

[32] 范雅婷.浅谈范唱教学在中小学音乐教学中的应用 [J].中华少年，2018（30）：270.

[33] 申双杰.中小学音乐常态下唱歌教学的误区与对策探讨 [J].新智慧，2018

（32）：104.

[34] 李小兰. 体态律动教学在中小学音乐教育中的应用 [J]. 新教育时代电子杂志（教师版），2018（7）：143.

[35] 万远元. 中小学音乐教学中的节奏训练分析 [J]. 新智慧，2018（25）：75.

[36] 司刚建. 浅谈在中小学音乐教育中的德育教育 [J]. 考试周刊，2018（39）：185.

[37] 徐嘉. 浅析中小学音乐课堂体验教学的有效运用 [J]. 名家名作，2018（7）：76.

[38] 李泉. 中小学音乐课堂情境教学构想 [J]. 新课程（下），2019（3）：201.

[39] 贾琳. 中小学音乐教学与民族音乐的传承 [J]. 下一代，2019（10）：141.

[40] 李婷婷. 浅谈中小学音乐趣味教学 [J]. 课程教育研究（学法教法研究），2019（23）：230.

[41] 张桢源. 浅析中小学音乐教学方法——以课例《京剧大师梅兰芳》为例 [J]. 北方音乐，2019（18）：186+189.

[42] 李泉. 中小学音乐课堂情境教学构想 [J]. 新课程，2019（9）：201.

[43] 罗迪. 中小学音乐教学与民族音乐的传承 [J]. 黄河之声，2019（15）：98.

[44] 蒋忠义. 浅析中小学音乐教学的创新 [J]. 考试周刊，2019（73）：159-160.

[45] 李侠. 中小学音乐核心素养的内涵与构成 [J]. 文艺生活（下旬刊），2019（12）：243.

[46] 秦亚楠. 中小学音乐课程的民族性研究 [J]. 教育现代化（电子版），2016（18）：232-233.

[47] 杨红林. 中小学音乐审美教学方式探微 [J]. 新课程研究，2019（27）：63-64，67.

[48] 李旬. 中小学音乐课堂情境教学构想 [J]. 新课程（下旬），2019（6）：201.